MŒURS FRANÇAISES.

LES HERMITES
EN LIBERTÉ,

SUITE DES

HERMITES EN PRISON,

L'HERMITE DE LA CHAUSSÉE-D'ANTIN,

DU FRANC-PARLEUR

ET DE L'HERMITE DE LA GUYANE, ETC.

TOME III.

Les formalités exigées ayant été remplies, les contrefacteurs seront poursuivis suivant la rigueur des lois.

Cet ouvrage se trouve aussi à

Agen	chez Noubel.	Londres	{ Bossange. / Dulau. / Treuttel et Würtz
Aix-la-Chap.	Laruelle.		
Angers	Fourrié-Mame.		
Arras	Topine.	Lorient	{ Caris. / Fauvel.
Bayonne	Bonzom.		
Berlin	Schlesinger.	Lyon	{ Bohaire. / Faverio. / Maire.
Besançon	{ Deis. / Girard.		
Blois	Aucher-Éloi.	Manheim	Artaria et Fontaine.
Bordeaux	{ Mme. Bergeret. / Lawalle jeune. / Melon. / Coudert. / Gassiot. / Gayet.	Mans	Pesche.
		Marseille	{ Chardon. / Maswert. / Moissy. / Gamoin. / Chaix.
Bourges	Gilles.	Metz	{ Devilly. / Thiel.
Breslau	Korn.		
Brest	{ Le Fournier-Desp. / Fgasse. / Michel.	Mons	Leroux.
		Montpellier	{ Sevalle. / Gabon.
Bruxelles	{ Lecharlier. / Demat. / Stapleaux. / Lacrosse.	Moscou	Fr. Ris père et fils.
		Nancy	Vincenot.
		Nantes	Busseuil.
Caen	Mme. Belin-Lebaron.	Naples	{ Borel. / Marotta et Vanspandoch
Calais	Leleux.		
Cambray	Giard.	Nîmes	Melquiond.
Chartres	Hervé.	Niort	Flies-Orillat.
Clermont-F.	Thibaud.	Orléans	Huet-Perdoux.
Dijon	{ Lagier. / Noellat. / Tussa.	Rennes	{ Duchesne. / Molilex.
		Rouen	{ Frère. / Renault. / Dumaine-Vallée.
Dunkerque	{ Bronner-Beauwens. / Létendart-Delevoye.		
Florence	Piatti.	Saint-Brieux	Lemonnier.
Francfort	Brœnner.	Saint-Malo	Rottier.
Gand	{ Dujardin. / Houdin.	Saint-Pétersbourg	{ C. Weyer. / Saint-Florent.
Genève	{ Paschoud. / Mangez-Cherbuliez.	Stockholm	Cumelin.
		Strasbourg	Levraut.
Havre	{ Duflo. / Chapelle.	Toulouse	{ Vieusseux. / Senac.
Lausanne	Fischer.	Turin	{ Ch. Bocca. / Pic.
Leipsick	Grieshammer.		
Liége	{ Desoer. / Collardeau.	Valenciennes	Lemaître.
		Vienne	Shalbacherg.
Lille	Vanakère.	Warsovie	Klusgsberg.
Limoges	Bargéas.	Ypres	Gambart-Dujardin.

PARIS.—IMPRIMERIE DE FAIN, RUE RACINE, N°. 4,
PLACE DE L'ODÉON.

M. DCCC. XXIV.

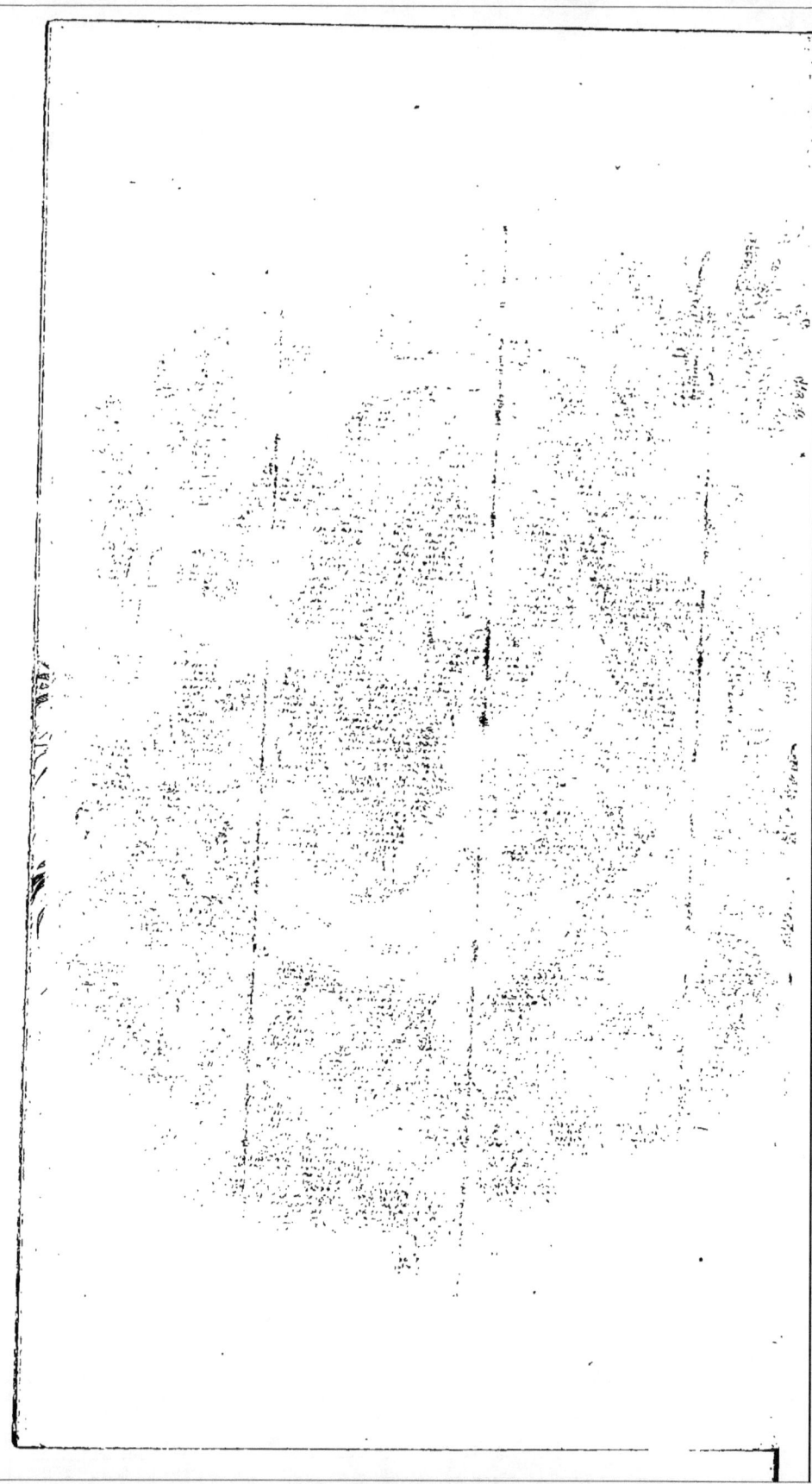

M. DCCC. XXIV.

LES HERMITES
EN LIBERTÉ,

PAR E. JOUY ET A. JAY;

POUR FAIRE SUITE

AUX HERMITES EN PRISON,

ET AUX OBSERVATIONS

SUR LES MŒURS ET LES USAGES FRANÇAIS
AU COMMENCEMENT DU XIXe. SIÈCLE,

PAR E. JOUY,
MEMBRE DE L'INSTITUT.

*Ornés de deux gravures
et de dix-huit vignettes.*

TOME TROISIÈME.

TROISIÈME ÉDITION.

A PARIS,

CHEZ LADVOCAT, LIBRAIRE
DE S. A. S. MONSEIGNEUR LE DUC DE CHARTRES,
AU PALAIS-ROYAL.

M. DCCC. XXIV.

LES HERMITES EN LIBERTÉ.

N°. XXVI. — 8 août 1824.

VINGT-SIXIÈME LETTRE.

LES VICES A LA MODE.

> *There's a fashionable iniquity.*
> CONGREVE.
> Voici l'iniquité à la mode.

Certains vices ont, comme les comètes, leurs époques, leur retour, leurs ellipses, et leurs phases : le mouvement de la mode les ramène ou les fait disparaître, et un observateur habile pourrait désigner chaque période de vingt-cinq années par son vice favori, comme les historiens indiquent les siècles par les noms d'Alexandre, d'Auguste, de Gengis, de Catherine ou de Frédéric.

L'hypocrisie religieuse marqua les dernières années du règne de Louis XIV; l'effronterie du libertinage déshonora l'époque de la régence; la fatuité philosophique signala l'espace de temps qui sépare la mort de Voltaire de la révolution. La férocité marqua le passage sanglant de Robespierre; la licence eut son cours sous le directoire; le luxe et l'ambition accomplirent le leur dans la parallaxe impériale.

Nous sommes témoins, au moment où j'écris, du plus singulier phénomène que présente l'histoire de nos vices; rien de plus bizarre et de moins naturel que le déplacement qui s'y est opéré. La vieillesse et la jeunesse, les femmes et les hommes semblent avoir fait échange de leurs défauts et de leurs travers : l'amour du pouvoir a passé des palais dans les temples, et la tartuferie a quitté le porche, pour se placer dans les salons : il y a anarchie dans les vices.

Quelle est cette foule brillante qui se presse autour d'un tapis vert? Sont-ce de vieux diplomates, d'antiques marquises, des joueurs de profession; non, ce sont des magistrats, des hommes de lettres distingués, de jeunes militaires, des femmes brillantes de grâce et de beauté, dont toute la conversation se réduit aux termes obligés du vocabulaire du whisk et de l'impériale.

Qu'un philosophe se borne à rechercher la cause de ce vice à la mode, moi j'y vois les traces d'une insensibilité révoltante et d'un égoïsme que l'aspect de l'or et le désir du gain peuvent seuls émouvoir; quand il n'y a plus ni ressort ni chaleur dans les esprits et dans les âmes, la table de jeu devient une dernière ressource : les chances du gain et de la perte procurent encore une sorte d'émotion à des cœurs secs et à des esprits stériles.

La *fausse bonhomie*, dont le masque n'a jamais été plus commun, pourrait passer pour un simple travers, si elle ne servait à déguiser les vices les plus odieux; les moralistes et les auteurs dramatiques ont souvent essayé de peindre ce caractère complexe dont la puissance est fondée sur l'attrait irrésistible d'une bonté apparente; mais, soit faiblesse du peintre, soit difficulté de bien saisir les traits du modèle, *le faux bonhomme* est encore à traiter, et peut-être n'a-t-il jamais été plus difficile à produire sur le théâtre qu'à une époque où la société en offre un si grand nombre de copies. Qui reconnaîtrait au premier abord le méchant, l'ambitieux, le traître, l'imposteur, sous les dehors de la bonhomie que chacun d'eux affiche? Ce ministre, qui sort du cabinet du procureur du roi, où votre destinée vient d'être soumise aux rigueurs du pouvoir, vous accueille d'un ton plein de candeur et de bienveillance, et vous quitte affectueusement à l'aspect du gendarme qui vient mettre la main sur vous. Cette duplicité a quelque chose d'infernal, et je la signale comme le trait le plus hideux de la physionomie morale de notre époque.

Mais s'il faut indiquer le vice à la mode, par excellence, le vice dominateur du siècle, c'est incontestablement la *corruption*. Aujourd'hui, la corruption fait tout mouvoir; elle n'a pas moins de puissance dans l'ordre moral, que la pompe à vapeur dans l'ordre physique; elle imprime le mouvement à toute la machine, assouplit les ressorts, diminue les frottemens, et puise dans les dégradations dont elle s'environne la force destructive où elle se renouvelle. C'est elle qui préside à toutes les espèces d'élections; qui dispose de tous les siéges, y compris les fauteuils académiques; elle élève les masses les plus lourdes, et précipite les esprits les plus subtils; elle décompose les corps les plus adhérens, rapproche et combine les élémens les plus hétérogènes.

La corruption, réduite en principes, est devenue une véritable science, et des professeurs patentés en tiennent école publique. Dans le nombre de leurs élèves, qui s'accroît chaque jour, on remarque avec surprise qu'il ne se trouve guère que des vieillards et des enfans; le premier mot que ceux-ci apprennent à bégayer est celui qui doit leur procurer la faveur à laquelle ils aspirent, ou qui peut la faire perdre à ceux de leurs concurrens qui l'ont méritée. Un jeune homme s'annonce-t-il avec quelque talent, tous les genres de corruption l'assiégent, et il aurait besoin de toute la force d'âme et de toutes les vertus d'un sage pour résister aux séductions dont on l'environne. Jamais M. Lemercier n'a trouvé d'aperçu plus profond, plus juste, que lorsqu'il a figuré, sur la scène, la corruption comme le caractère particulier de l'époque où nous vivons. Ce serait ici la place de prouver mon assertion par des exemples; mais quelque précaution que je prisse, quelque adoucissement que j'employasse, il serait impossible qu'on ne reconnût pas le modèle de mes portraits, et que mes observations ne dégénérassent en personnalités; je me borne donc, cette fois, à la simple énonciation du fait; je suis certain d'être cru sur parole.

Un des agens les plus accrédités de la corruption, c'est le *mensonge*; je n'embrasserai pas toutes les subdivisions de ce vice; je ne parlerai ni du mensonge du regard et des promesses chez les femmes; ni du mensonge commercial, à qui l'on doit les faux poids, les fausses mesures, les banqueroutes, et qui arrachait à un marchand dévot cette exclamation caractéristique, qu'*il est cruel que la religion ait fait un péché d'une chose si utile au commerce!* ni du mensonge inoffensif des voyageurs, qui ont vu des baleines de neuf cents pieds de long, et des polypes de mer qui se nourrissaient de vaisseaux de ligne; ni du mensonge littéraire, sur lequel se fonde la réputation de tant de petits beaux esprits; ni du mensonge de bonne compagnie, qui se borne à dénaturer agréablement les faits dans un récit, et à les exagérer jusqu'au ridicule, pour les rendre plus piquans; mais je m'arrêterai un moment sur trois espèces de mensonges que leur importance et leurs résultats ont élevés à la dignité de vices dominateurs. Je veux parler de la *politique*, de la *calomnie*, et de la *flatterie*.

Le *mensonge politique* s'exerce sur de plus grands intérêts, et dans un cercle plus étendu; il a droit à une première mention : les ministres, les hommes d'état, les diplomates, sont ses organes habituels ; néanmoins depuis quelque temps on a remarqué que c'est particulièrement du haut de la trésorerie que partaient ses oracles. C'est à son influence immédiate qu'il faut attribuer tant de paroles violées, tant de contrats rompus, tant de promesses trahies, tant de marchés frauduleux. Le mensonge politique, entouré de ses satellites ordinaires, l'orgueil, l'hypocrisie, la malice et l'envie, s'est emparé de la direction générale des affaires ; nous voyons comme il les conduit.

La *calomnie*, dans un espace plus resserré, agit comme une roue d'engrenage dans le mécanisme de mensonge universel, dont la politique est le grand moteur; elle a le département des salons. Sous le nom plus modeste de médisance, elle s'occupe à flétrir les vertus, à dénaturer les actions les plus honorables, à rabaisser tout ce qui est grand, et à réduire toutes les supériorités du talent aux viles dimensions de l'intrigue et de l'intérêt.

On a défini la *flatterie* : « Un commerce puéril dans lequel on rend fidèlement mauvaise foi pour mauvaise foi, et où tout est bon, hors la vérité. » Cette définition ne suffit plus dans l'état actuel de la société, où son poison s'infiltre, pour ainsi dire, dans toute sa substance; cette espèce de mensonge est mis au rang des convenances, et fait partie de ce qu'on appelle le bon ton.

Plus commun qu'il ne l'a peut-être jamais été, on le reconnaît moins facilement sous le prodigieux nombre de formes qu'il emprunte.

On ne pouvait se méprendre autrefois à cet air humble et caressant, à cet abord plein de grâce et de délicatesse, dont les seules nuances distinguent entre eux les flatteurs; aujourd'hui les plus habiles sont parvenus à se faire une réputation de franchise et de brusquerie même, à l'abri de laquelle ils obtiennent d'autant plus de succès qu'ils ont l'air de vous refuser les louanges qu'ils vous prodiguent.

Par un effet de ce changement bizarre que j'ai déjà signalé, les femmes ont emprunté aux hommes l'esprit de parti, le pédantisme et la passion du jeu; ceux-ci ont emprunté aux femmes leur indiscrétion et quelques parties de leur parure. Les bottines de castor, le chapeau d'écorce, les pantalons juponés, les redingotes à grands plis, ne prouvent-ils pas chez les hommes une tendance à quitter les attributs de leur sexe ?

Entrez dans tel salon du faubourg Saint-Germain, et prêtez l'oreille aux dissertations politiques de mademoiselle de Cérane, aux homélies religieuses de madame de Vernage, aux argumentations littéraires de madame de Sanoise, et dites-moi si jamais pédant d'assemblée, de sorbonne ou d'athénée, a mis dans ses discours plus de sécheresse, de déraison et d'entêtement.

Si je dis que *l'ennui* est un vice à la mode, on me demandera d'abord compte de la qualification de vice que je donne à un simple malaise de l'esprit : mais je ne continuerai pas moins à soutenir que l'ennui est un vice : en effet, quel autre nom donner à ce dégoût qui arrache les hommes à la vertu, à cette apathie qui éteint en eux toutes les passions généreuses? L'ennui n'est qu'une infirmité, quand il est le fruit du temps et d'une longue expérience de la vie, mais ce mal est un vice quand il atteint l'homme dans sa fleur, quand il s'attache à ces jeunes gens vieillis avant l'âge, et blasés sur des plaisirs qu'ils n'ont jamais goûtés. Paris est plein de ces jeunes *ennuyés*, et partant ennuyeux, qui sont, ou plutôt qui se disent las du monde avant de l'avoir connu, et qui se donnent les airs de haïr les hommes pour se dispenser de les servir et de leur plaire. C'est un spectacle odieusement ridicule que cette vieillesse anticipée, que cette caducité précoce, qui admet toutes les difformités physiques et morales des hommes courbés sous le poids des ans, sans aucune des vertus que donne l'expérience, sans aucun des plaisirs dont les souvenirs peuvent encore être la source.   E. J.

N°. XXVII. — 11 *août* 1824.

VINGT-SEPTIÈME LETTRE.

L'ÉCOLE DE DROIT. — L'ÉCOLE DE MÉDECINE.

> . . . . . . *Facies non omnibus una,*
> *Nec diversa tamen.*
>
> Ovide: *Metam.*, lib. *II*, 13.
>
> Ils ont quelque ressemblance quoiqu'ils n'aient pas la même figure.

L'ÉCOLE de droit et celle de médecine fournissent une partie notable de la population du faubourg Saint-Germain. Ces deux institutions ont entre elles quelques traits de ressemblance, quoique chacune ait sa physionomie particulière. Elles sont toutes les deux composées de professeurs nommés par le gouvernement, et d'élèves qui leur viennent de toutes les parties du royaume. Ces jeunes gens, que des espérances ambitieuses n'ont pas encore pervertis, qui restent purs au milieu de la corruption générale, se font presque tous distinguer par l'indépendance des opinions, le mépris du charlatanisme, et un attachement sincère aux bonnes doctrines. Ils puisent avec ardeur aux sources de l'instruction, se nourrissent de sentimens généreux, cultivent leur raison, et ne restent point étrangers aux destinées de leur patrie. Ils applaudissent aux actes du gouvernement, ou ils les censurent, suivant qu'ils sont conformes à l'esprit de nos lois fondamentales ou qu'ils s'en éloignent. Le ministère n'a point de surveillans plus actifs et plus désintéressés; la France n'a point de citoyens plus zélés pour sa gloire, et qui fassent des vœux plus ardens pour son bonheur.

Une telle disposition des esprits ne pouvait convenir à quelques hommes qui s'alarment des progrès de la raison humaine, et qui voudraient arrêter le mouvement naturel de la société. Ils ont donc voulu régénérer à leur manière l'instruction publique; on a soumis l'école de droit à des règlemens sévères; l'école de médecine a perdu ses meilleurs professeurs, ce qui a fait dire assez plaisamment « *qu'elle avait été purgée outre mesure.* » Mais cette sévérité, ces épurations n'ont produit aucun effet sur le moral des écoles; les élèves sont restés ce qu'ils étaient, et n'ont perdu aucun droit à l'estime en se résignant aux capricieuses volontés de l'administration.

Sans doute les réformateurs étaient convaincus de l'utilité de leurs mesures; c'est de bonne foi qu'ils ont voulu soumettre les écoles de droit et de médecine à leur nouveau ou plutôt à leur ancien régime. Mais comment n'ont-ils pas senti que ces mesures étaient inefficaces; qu'il était impossible de séparer de la société les jeunes gens destinés à en être un jour l'ornement et le soutien; et que l'opinion générale serait toujours l'opinion dominante des écoles. Le monde est un professeur plus habile que les docteurs réunis de toutes les facultés; ceux-ci endorment souvent leurs auditeurs; les leçons de l'autre ne sont jamais perdues.

J'ai indiqué quelques traits de ressemblance entre les deux écoles; les différences sont plus nombreuses et plus frappantes.

L'instruction purement scientifique est solide à l'école de médecine; elle est nulle à l'école de droit. Les professeurs de l'art de guérir ont plus de savoir et une meilleure méthode que leurs confrères; ils ne se bornent point à un vain parlage qui frappe l'oreille, sans laisser de traces dans la mémoire; l'application suit les doctrines, l'expérience vient à l'appui de la théorie. L'élève conduit dans les hôpitaux interroge le malade sous les yeux du maître, et s'accoutume à le comprendre. Il assiste à l'origine des diverses infirmités qui affligent l'espèce humaine; il en observe les progrès et apprend à prévoir l'heureuse ou la mauvaise issue des crises définitives. Il compare les leçons qu'il a reçues à l'école et celles qu'il reçoit au lit du malade; son œil s'exerce, son jugement se forme, ses idées se fixent; il sera peut-être un jour l'heureux émule des Portal ou des Dubois.

Il n'en est point ainsi à l'école de droit. Là, les doctrines sont vagues, et les explications plus vagues encore. Les élèves sont condamnés à se pourvoir de livres spéciaux qu'on leur vend à un prix très-élevé; car c'est une branche productive de revenu, et ces livres, sauf quelques exceptions, ne sont guère que de sèches et indigestes compilations. Aussi, les élèves se rendent à l'école pour y faire acte de présence, plutôt que pour y recevoir des lumières. Ils s'agitent pendant les leçons parce qu'ils éprouvent un mortel ennui; rien ne les attache à une instruction si insuffisante et si aride; leur attention incessamment distraite se porte sur le premier objet qui se présente, et donne lieu souvent à des scènes tumultueuses, telle fut l'aventure de la toque rouge de M. Cotelle suspendue à un drapeau blanc, et qui fera époque dans les annales de l'école de droit. Peu s'en fallût qu'on n'y vît une conspiration contre l'état.

M. Cotelle, homme d'ailleurs très-éclairé, professe le droit naturel, et si quelqu'un pouvait vaincre le désavantage de la méthode d'enseignement telle qu'elle est adoptée, ce serait lui sans doute; car il parle sur une matière intéressante, et il a toutes les connaissances nécessaires pour la traiter d'une manière distinguée; mais il subit, comme les autres, les inconvéniens d'un système routinier qui sera tôt ou tard réformé.

Ce professeur dissertait donc un jour sur le droit naturel devant un auditoire inattentif. Pendant qu'il invoquait Puffendorf et s'appuyait sur Burlamaqui, voilà qu'un chien, conduit par sa mauvaise destinée, s'introduit dans l'école et répond, par un aboiement inattendu, aux savantes argumentations du professeur. Que fallait-il de plus pour mettre en verve cette jeunesse rassemblée? Le pauvre animal, devenu le jouet des élèves, se perdait dans la foule et s'efforçait vainement de trouver une issue. Les cris, les éclats de rire de nos étourdis, et les aboiemens réitérés du chien, effrayé de sa situation, ne pouvaient manquer de contrarier M. Cotelle. Il veut d'abord calmer ce désordre ; mais, ne pouvant y parvenir, il se regarde comme personnellement offensé, se lève de sa chaire, ordonne à un huissier de faire ouvrir les rangs et se retire plein de couroux. Malheureusement il avait oublié sa toque rouge.

L'attention de l'auditoire abandonne tout autre objet et se porte sur cet ornement du doctorat. On saisit la toque ; on la fait imprudemment voler d'un bout de l'école à l'autre avec de joyeuses acclamations ; enfin, soit par l'effet du hasard ou de l'adresse, elle tombe et se fixe sur la pique du drapeau blanc que l'école de droit conserve, avec un soin religieux, comme un monument du courage et de la fidélité des volontaires royaux partis de son sein, en 1815, pour arrêter la marche triomphante de l'usurpateur.

Cependant le bonnet doctoral est réclamé ; cette réclamation était conforme au droit naturel ; mais les élèves, qu'on ne peut justifier dans cette occasion, opposèrent la propriété de fait à la propriété de droit, et refusèrent de laisser enlever la toque rouge dont l'aspect excitait l'hilarité générale. Imprévoyante jeunesse ! elle ignorait qu'on faisait circuler au dehors des bruits étranges : « Toute l'école était en insurrection, elle avait arboré le bonnet rouge, le péril était imminent. »

Ces bruits arrivèrent à l'oreille de M. Delvincourt, suprême dictateur de cette turbulente république. M. le doyen se présente, suivi de loin par la fidèle Marguerite, qui se partage entre l'office et la tribune aux écoutes, et qui veille assidûment sur son vénérable maître. L'arrivée de M. Delvincourt calma la fermentation. Ce respectable professeur prononça un discours composé, ou plutôt improvisé, selon toutes les règles oratoires; heureux mélange de douceur et de sévérité, de fermeté et de bienveillance, ainsi que le recommandent Cicéron et Quintilien. Les élèves ne purent résister aux séductions de cette éloquence; ils abandonnèrent leur trophée. Ce fut ainsi que la tranquillité fut rendue à l'école, et la toque rouge à M. Cotelle.

Cet événement, d'un caractère si peu grave en lui-même, fit beaucoup de bruit dans le temps; il servit de texte à de violentes déclamations contre la tendance révolutionnaire de la jeunesse, et l'esprit de révolte dont elle était animée. On parlait de suspendre les cours, de déplacer l'école de droit. Ces déclamations étaient calomnieuses, ces menaces ridicules; en général, la jeunesse française n'est nullement portée aux révolutions; mais d'un autre côté elle est opposée au pouvoir absolu : elle connaît ses droits et voudrait en jouir paisiblement ; elle a trop de lumières pour supporter le despotisme, ou se livrer aux dangers de l'anarchie. Quelques efforts qu'on puisse tenter pour la corrompre, elle restera fidèle aux principes de justice et d'humanité ; elle est même à l'épreuve des jésuites.

On distingue facilement, au premier coup d'œil, les élèves de l'école de droit et ceux de l'école de médecine. Les premiers sont, en général, plus favorisés de la fortune ; ils se montrent plus volontiers dans le monde, et mènent une vie moins laborieuse que les autres ; ils observent plus attentivement les fluctuations de la mode, qu'ils vont étudier aux Tuileries ou à Tivoli, tandis que les élèves en médecine font leurs délices du Luxembourg et de la Grande-Chaumière. Ceux-ci ont moins d'élégance dans leurs vêtemens, moins de politesse dans leurs manières ; mais peut-être ont-ils plus d'abandon et de franchise ; leurs plaisirs, pour être plus modestes, n'en sont pas moins vifs ; ils vivent plus entre eux que les élèves de l'école de droit.

Les élèves des deux écoles, qui ont de riches parens, trouvent le séjour de la capitale fort agréable, mais plusieurs d'entre eux n'ont que le strict nécessaire ; il en est même qui luttent gaiement avec l'indigence, soutenus par l'espoir d'un meilleur avenir. Ce sont ceux qui font le plus d'efforts, qui obtiennent le plus de succès ; de cette classe sont sortis des hommes qui honorent aujourd'hui le barreau français, la faculté de médecine, qui sont arrivés à l'opulence par le travail, à la considération par de grands talens.

C'est un spectacle bien digne d'intérêt que celui de ces jeunes gens qui ne reçoivent de leurs familles que de modiques secours, et qui parviennent cependant, par les habitudes d'une sévère économie, au terme d'une longue carrière d'enseignement. On ne sait pas combien ils sont ingénieux dans l'emploi de leurs petites ressources. Ils arrangent leur budget avec un esprit d'ordre qu'on aimerait à trouver dans la haute administration des finances. Point d'article pour les dépenses imprévues qui sont toutes calculées et peut-être absorbées d'avance : point de sinécure, point de profusion; la part du pauvre seule est déterminée; car ces jeunes gens sont bienfaisans et n'entendent point sans émotion le gémissement de la misère.

Ce sont eux qui peuplent en hiver les cabinets de lecture; ils abandonnent à leurs opulens camarades les cafés, les spectacles et les fêtes publiques. Ils vivent souvent en commun, et je vais vous faire la description de leurs repas. Vous verrez que les anciens philosophes n'étaient pas plus sobres.

Venez avec moi dans la rue Saint-Jacques. Nous voici au fond d'une cour étroite, longue et peu éclairée. Voyez-vous ce petit escalier obscur, il faut monter jusqu'au troisième étage. Après ce trajet, nous entrons dans une salle de douze pieds de longeur sur six de largeur. Observez ces deux longues tables couvertes d'une toile cirée et placées le long du mur des deux côtés de ce modeste réfectoire. Vis-à-vis la porte d'entrée, on en trouve une autre qui conduit à la cuisine. C'est là que se tient la maîtresse du logis, excellente femme, propre, active et toujours prête à entrer en conversation. Elle a pour ministre de ses volontés une jeune fille fraîche et réjouie : cette dernière est chargée du service. Dans ce réduit hospitalier, les portions sont fortes ; les mets ne sont pas apprêtés suivant les règles de l'art, mais ils sont propres et de bonne qualité. C'est là que vous pouvez dîner pour quinze sous; on vous y servira un potage succulent pour six sous; un morceau de bœuf, de veau ou de mouton pour la même somme, et du pain à discrétion pour trois sous. Il faudra vous priver de vin et retrancher le luxe du dessert; vous vous en porterez mieux; vos idées seront plus claires, et votre sommeil ne sera point interrompu par le cauchemar.

Nos joyeux convives sont arrivés; ils mangent avec appétit et causent avec abandon de cœur. On y parle de littérature, de sciences et de politique. On y juge les ouvrages nouveaux dont les cabinets de lecture font les frais; on y classe les écrivains d'après leur mérite réel, et non d'après les arrêts des coteries, ou les jugemens de l'esprit de parti. Les professeurs y sont passés en revue, et appréciés avec une rare impartialité. C'est là qu'on discute aussi les projets de loi, qu'on parle librement des ministres, et qu'on se moque quelquefois de leurs excellences. Le sujet de la réduction des rentes a été traité dans ces réunions avec autant d'étendue qu'à la chambre des députés; et comme aucun de ces élèves n'était intéressé dans la discussion, ils l'avaient rejetée unanimement; et la chambre des pairs n'a fait que confirmer leur décision.

Quant aux élèves de l'école de droit, ils garnissent les bancs des restaurateurs du faubourg Saint-Germain, et se plaisent surtout au Petit Rocher de Cancale. C'est de là qu'ils partent, soit pour se rendre au café Procope, soit pour aller au théâtre de l'Odéon, dont ils font les destinées. On doit attacher du prix à leurs suffrages; ils ont applaudi aux *Vêpres Siciliennes* et au *Paria*.

Ces élèves se réunissent aussi dans des

conférences où se traitent des points de droit avec les formes ordinaires du barreau. On y voit des juges, un ministère public, des avocats et un auditoire. Ils s'exercent à l'improvisation. C'est une espèce de gymnase où ils se préparent à des luttes plus sérieuses. On est souvent surpris de la rectitude de leurs idées, de la facilité de leur langage et de l'équité de leurs jugemens. C'est là qu'ils font véritablement leurs cours de droit; c'est la méthode de l'enseignement mutuel perfectionnée.

Heureux temps de la vie où les passions n'exercent point encore leur tyrannie, où la morale des intérêts n'a pas encore flétri les cœurs. Des jours moins sereins succéderont bientôt; les soins d'un établissement, les désirs de fortune, les pensées ambitieuses, viendront bientôt dominer ces jeunes imaginations. Puissent les élèves de l'une et l'autre école résister aux séductions qui

32   L'ÉCOLE DE DROIT, etc.

les attendent, conserver les principes dont la justice leur est démontrée, et ne jamais oublier que leur plus beau titre est celui de citoyens français !   A. J.

N°. XXVIII. — 14 *août* 1824.

VINGT-HUITIÈME LETTRE.

LE VAGUE.

Clouds upon clouds ascending.
MILTON.

Ils élèvent des nuages sur des nuages.

UN M. David O'Canor, Irlandais d'origine,
Et comme l'ami Pompignan,
Natif de Montauban,

vient d'ouvrir à Paris un cours de la science qu'il professe, et qu'il appelle la science du *vague*. Dans un prospectus où il déguise, sous des phrases cadencées et des mots sonores, le véritable plan de son ouvrage, ce qu'il annonce de plus clair, c'est qu'il est l'apôtre de l'*inconnu*, et *qu'il est envoyé pour satisfaire aux besoins du siècle.* Il a découvert de nouvelles jouissances qu'il veut faire connaître à ses semblables : ces jouissances, qu'il dit être fondées sur les principes éternels de la nature, opposées aux règles étroites de l'art, ne sont en effet que les théories mystiques de Martin, de Kent, de madame Krudner et du sieur Schelguen, réduites en système universel, et appliquées à la poésie.

J'ai rencontré dernièrement ce poëte somnambule dans une maison du faubourg Saint-Germain, où plusieurs femmes recueillaient, comme une manne céleste, les oracles amphigouriques qu'il rendait d'une voix profonde et sentimentale. J'ai profité d'un moment d'entretien avec lui, que le hasard m'a procuré, pour me mettre au fait de *la doctrine du vague* dont il s'est créé l'apôtre.

« Monsieur, me dit-il, quelque ennemi que je sois des définitions qui ne tendent qu'à décomposer la vérité, je ne crains pas de répondre à la question péremptoire que vous m'adressez : *Qu'est-ce que le vague ?* C'est le père du génie. En effet, n'est-il pas démontré que le sublime est dans l'infini ; or qu'est-ce que l'infini, si ce n'est le vague ? Moins l'homme comprend, plus il suppose : or, c'est à l'aide de ces perpétuelles suppositions que l'imagination s'ouvre une carrière immense où elle plane et se berce voluptueusement au sein du vague.

» Ne jamais arrêter un contour, éviter le mot propre, ne montrer sa pensée qu'à travers un nuage; associer ensemble des images de la plus complète incohérence : tels sont les premiers élémens de la science dont je tiens école, et dont le résultat infaillible est de créer une nouvelle littérature. — Mais ne craignez-vous pas, mon cher monsieur O'Canor, que cette méthode, ou plutôt ce défaut de méthode, ne conduise vos élèves à entasser dans un même ouvrage les mœurs de tous les temps et de tous les lieux; à revêtir le même personnage d'un habit d'arlequin, dont chaque pays et chaque époque pourra réclamer quelque morceau, mais qui n'appartiendra, dans son ensemble, à aucune nation ni à aucun temps? Ne craignez-vous pas aussi qu'afin de donner à leur style une teinte originale les auteurs de votre école ne cherchent à corrompre, à dénaturer la langue; qu'ils ne s'attachent à en bannir toute idée précise, toute locution simple et naturelle? — Pourquoi pas? s'il vous plaît. Le vague dans la pensée suppose le vague dans l'expression, et quand on ne sait pas au juste ce qu'on veut dire, je ne vois pas la nécessité de s'expliquer clairement. La perfection de l'art est de savoir à propos se retrancher contre la raison dans une aimable obscurité Notre littérature est celle du mystère; le positif et la réalité nous font peur. Ces vieux Grecs, dont nous avons abjuré les éternels modèles, avaient la manie d'assigner des formes, une physionomie, en un mot, de donner un corps aux êtres d'imagination qu'ils créaient : nous dépouillons au contraire de tout organe matériel ceux que la nature en a pourvus. Tout est illusion dans le monde fantastique que nous nous sommes créé, et vous concevez que, dans des compositions toutes de génie, nous avons dû nous affranchir des règles du bon sens, qui ne sont faites que pour en arrêter l'essor.

» S'agit-il d'une comédie? l'étude de la société me devient parfaitement inutile pour tracer des caractères d'invention. La jeune fille à laquelle je veux vous intéresser n'aura ni père ni mère, et n'appartiendra proprement à aucun pays du monde : l'aimable orpheline sera *la vierge du désert, la fille des neiges, la fiancée de la solitude* : son sexe même pourrait fort bien rester un problème. L'équivoque, le doute, l'incertitude, voilà nos dieux, nos anges et nos muses. Si j'ajoute à une fable tout-à-fait étrange quelques ridicules sans nom, quelques travers sans exemple, mon drame est achevé.

» — Plus je vous écoute, et plus je crois m'apercevoir que, sous le nom de *vague*, c'est le romantisme pur que vous professez; et dans ce cas, je dois vous en prévenir, vous n'avez droit qu'au brevet d'importation. — Je n'en réclame pas d'autre, et je me fais honneur d'être l'élève de Shakspeare. — Si j'osais, M. David O'Canor, je vous dirais que vous n'avez pas même lu, dans la mauvaise traduction de Letourneur, celui que vous appelez votre maître. — Il serait plaisant que vous prétendissiez m'en faire convenir. — Je voudrais seulement vous faire revenir d'une erreur trop commune, et vous engager à choisir un autre patron pour votre école romantique. Apprenez de moi, monsieur le professeur, que si Shakspeare a droit à quelque estime, c'est comme observateur des hommes. Je vois en lui un génie sauvage, qui emploie les couleurs fortes que le langage de son temps lui a fournies, pour exprimer des idées subtiles et les résultats d'une sagacité profonde. Shakspeare est positif: ses esquisses sont faites d'après nature. Il manque de goût et de choix, sans aucun doute; mais l'excès de vérité est précisément le défaut qu'on lui doit reprocher. Vous voyez qu'il n'a rien à démêler avec les romantiques. — Eh bien ! tant pis pour lui : si Shakspeare est tel que vous vous plaisez à le peindre, n'imitons pas Shakspeare ; c'est tout ce que j'ai à vous répondre ; et je poursuis. Au vague des caractères et des mœurs joignez celui des descriptions ; inventez de ces paysages qui n'appartiennent à aucun pays ; de ces sites merveilleux et magiques qui ne se rattachent à rien : donnez au ciel les nuances de l'émeraude ; prêtez aux arbres les couleurs du saphir et de la topaze ; pourvu que tout scintille comme les étoiles, que vos paroles se pressent, se heurtent et s'amoncèlent comme des nuages, vous êtes sauvé.

» — Le peintre Boucher, qui faisait ses arbres couleur de lapis, et ses ciels couleur de rose, est un excellent modèle du genre que vous défendez si éloquemment. — Sans doute ; mais il a négligé d'assombrir ce genre trop aimable. Le sombre, voyez-vous, est le frère du vague. On ne discerne pas grand'chose dans les ténèbres, et c'est un terrible avantage, quand on vise au sublime, que de placer le but dans une favorable et sainte obscurité. N'affadissez jamais vos tableaux, riez le moins possible; mêlez à vos récits des énigmes, des oracles, de l'inconnu et de l'incertain; choisissez, entre les aspects qu'offre la nature, ceux qui donnent le plus d'ombre et qui se prêtent de meilleure grâce aux évocations, aux invocations, aux allocutions dont on ne doit jamais craindre d'abuser. Après avoir donné des leçons si positives sur la nécessité du vague dans les pensées, les mœurs, les peintures et les caractères, je m'arrêterai peu sur la nécessité du vague dans les expressions. Il y a une manière nette et précise de rendre des pensées même abstraites, qu'il faut bien se garder d'adopter.

» En un mot, continua M. O'Canor, en

élevant la voix, le temps de ce que l'on appelait jadis *le beau* en littérature est tout-à-fait passé ; il s'agit maintenant de tenir l'esprit dans une suspension pénible, de savoir escamoter adroitement sa phrase, et de persuader au lecteur qu'elle cache une pensée. Il faut donner de la musique à un visage, de la grâce à la haine ; dire qu'un tableau est plein de dissonance, qu'une jolie femme a la beauté d'une goutte de rosée ; en un mot, rapprocher tout et tout confondre.

» — Votre système se réduit, je le vois, à l'imitation de ce peintre qui lançait son éponge, imbue de couleurs différentes, contre une toile, et qui appelait des amis pour considérer ce gâchis qu'il nommait un tableau. »

Je vis le sourcil du romantique s'exhausser, et sa lèvre se relever avec dédain. « Vous êtes classique ? » me dit-il.... Je l'arrêtai. « Oui, sans doute, j'admire, avec tous les bons esprits, ces chefs-d'œuvre consacrés par la durée seule de leur existence; et, sans me laisser dégoûter de leur commerce par l'ennui des souvenirs de collége qu'ils font naître dans ma pensée, je persiste à croire que Virgile est un poëte plein de grâce, de sensibilité et d'harmonie, que Tacite est encore aujourd'hui le modèle des historiens politiques dans l'art de peindre et de punir les tyrans. Je révère ces grands hommes, mais sans idolâtrie; et l'hommage que je leur rends ne fait qu'ajouter à mon admiration pour nos grands écrivains modernes qui les ont surpassés.

» Croyez-moi, monsieur O'Canor, quittez l'école barbare dont vous vous êtes fait l'apôtre: la raison est de tous les temps, et elle est circonscrite; la folie ne peut plaire qu'un moment, et elle n'a point de bornes.

» Vous êtes fier de ce que vous appelez

votre système; mais vous n'avez pas de système. Les mauvais auteurs de tous les temps ont suivi la route que vous voulez prendre : Stace et ses incohérences, Lucain et son enflure, les Espagnols et leurs jeux de mots, les Allemands et leurs amphigouris mélancoliques, les Anglais et leurs images sans choix et sans ordre, ont ouvert sans succès la route où vous vous égarez.

» Il n'y a que deux classifications réelles et possibles dans la littérature : le bon et le mauvais, le vrai et le faux. Vous ne parviendrez jamais à fonder le genre *vague* chez le peuple le plus positif de la terre.

» Je sais que les mœurs varient; que les hommes demandent aux poëtes et aux artistes des émotions en rapport avec les mœurs nouvelles; mais ce besoin même de renouvellement est la plus forte preuve de l'amour des hommes pour la vérité. Ce qui a plu à leurs ancêtres manque de rapport avec leurs mœurs présentes; sans le rejeter, ils demandent que d'autres génies, en suivant les traces des génies anciens, s'occupent de donner à leur siècle des jouissances en rapport avec ce siècle.

» Telle est ma profession de foi. Les bannières du romantisme me semblent ridicules, celles du pédantisme me répugnent. Que l'on me permette de préférer Virgile aux auteurs de la *Muse française*, et la raison éternelle aux commentaires de La Harpe. Voilà mon école. »

E. J.

N°. XXIX. — 17 *août* 1824.

VINGT-NEUVIÈME LETTRE.

LES RÉPUTATIONS.

. . . . *Nec quidquid turbida Roma
Elevet, accedas, examenque improbum in illâ
Castiges trutinâ, nec te quæsiveris extra.*

Persz, Sat. I, vers 5, etc.

Ne comptez pas sur la témérité des jugemens de Rome; ne cherchez point hors de vous ce que vous devez penser de vous-même!

Les réputations, comme les livres, ont leur destinée; elles s'élèvent quelquefois au hasard et se perdent de même. Que d'hommes ont brillé dans leur siècle, et dont la mémoire est condamnée à l'oubli! combien en est-il qui mériteraient un long souvenir, et qui ne sont jamais sortis de l'obscurité! C'est surtout aux époques où les sociétés sont agitées que les réputations naissent et s'évanouissent avec une merveilleuse rapidité. L'esprit de parti qui les enfante ne tarde guère à les anéantir. Ce sont des lueurs phosphoriques qui traversent comme l'éclair un horizon chargé de nuages.

Il y a peu de ministres qui, sur la foi de quelques flatteurs, ne s'imaginent qu'ils sont placés très-haut dans l'estime publique; ils oublient que l'exercice du pouvoir a souvent été confié à la sottise présomptueuse, et que le caprice de la fortune ou la faveur des rois ne donne ni la probité, ni le génie. Aussi dans cette foule de ministres qui, depuis le berceau de la monarchie, ont tenu, jusqu'à nos jours, les rênes de l'administration, à peine cinq ou six noms privilégiés ont-ils été consacrés par la reconnaissance des peuples; tout le reste a passé sans laisser de traces.

Il y a de bonnes et de mauvaises réputations. « J'aimerais mieux, disait Plutarque, que ma mémoire fût oubliée, que si on disait de moi : Plutarque a été un homme léger, inconstant et colère. » Cet illustre écrivain ne voulait être connu que par de bons ouvrages et de bonnes actions. Malheureusement il se trouve des hommes assez dépourvus de sens moral pour acheter la renommée au prix de leur conscience et de leur honneur; mais ils sont odieusement célèbres.

Il faut distinguer la réputation de la gloire : la première est à la portée du plus grand nombre; la seconde est réservée pour les libérateurs de la patrie, pour les bienfaiteurs de l'humanité. La réputation de Buffon est celle d'un grand écrivain; Fénélon instruisant les rois et les peuples, Montesquieu retrouvant « les titres perdus du genre humain, » Voltaire établissant la tolérance sur les ruines du fanatisme, ont mérité et obtenu les palmes de la gloire.

L'origine et la diversité des réputations m'ont souvent étonné. Un quatrain protège la mémoire de Saint-Aulaire, et l'on ne parle plus de quelques poëtes contemporains qui ont montré plus de talens que l'Apollon octogénaire du Parnasse de Sceaux. Qui se souvient aujourd'hui de Pavillon, de Lainez et de tant d'autres? Souvent les plus grands travaux produisent peu d'effet sur une génération inattentive; et ce n'est qu'à l'aide du temps qu'ils sont justement appréciés. Nous en avons sous les yeux un exemple frappant : voilà près d'un quart de siècle que M. Azaïs, dont la célébrité n'a été attachée jusqu'ici qu'au principe des compensations, travaille, jour et nuit, à établir un système universel. Il vous dira lui-même que, « hors quelques exceptions flatteuses, il est repoussé de toutes parts; qu'on ne veut pas même l'entendre. Il nous apporte la grande idée dont le résultat doit fixer la science et la destinée de l'homme; il nous montre une vérité qui engendre toutes les autres vérités, qui explique tout, qui éclaire tout; il nous le prouve en six volumes imprimés avec luxe, et bien écrits. On ne le lit point, quoiqu'il soit très-bon à lire; il veut professer ses doctrines, on lui ferme la bouche : les savans, ses juges naturels, gardent le silence; on le verrait avec plaisir retomber au fond du puits où il a trouvé sa vérité. »

Je ne m'arroge point le droit de juger une si haute question; mais quand je vois un homme de talent et d'esprit affirmer qu'il a fait une découverte précieuse, le silence général m'est un peu suspect. M. Azaïs appelle les objections ; s'il est dans l'erreur, il en coûterait peu à nos savans de le démontrer. Il est vrai que si le système de ce philosophe est fondé sur des bases solides, il obtiendra quelque jour une éclatante réputation. Ce sera une honte pour l'époque actuelle; mais y aura-t-il suffisante compensation pour M. Azaïs? C'est à lui d'en juger.

On a vu des réputations long-temps obscurcies, reparaître dans tout leur éclat. Je veux encore en citer un exemple : Notre littérature manque, dit-on, d'historiens qui nous fassent connaître la physionomie des temps et des sociétés où ils ont vécu. Voltaire a créé le genre philosophique de l'histoire; et, sous ce point de vue, il a de justes droits à notre reconnaissance. Mais nous voudrions des narrateurs tels qu'Hérodote et Tite-Live qui nous offrent la peinture vivante des hommes et des choses. Ce qui nous convient aujourd'hui, ce sont les tableaux des mœurs, des habitudes, des opinions dominantes à d'autres époques. Nous n'avons que des récits arides, des chroniques sans intérêt; nous connaissons les républiques de la Grèce, celles de Rome, et nous ne savons rien de la France. Pendant que nous nous plaignons ainsi, un jeune écrivain, avantageusement connu par son esprit et une grande variété de connaissances, exhume de nos catacombes littéraires un chroniqueur du quatorzième siècle dont la lecture était depuis long-temps abandonnée aux érudits de profession. Nous lisons le Froissart de M. Buchon, et nous sommes surpris des grâces naïves de sa narration, de l'intérêt dramatique répandu dans ses récits. Froissart reprend son rang parmi nos écrivains, et ce rang est très-élevé. Il est, parmi les prosateurs, ce que Clément Marot est parmi les poëtes. Plusieurs fragmens de ses compositions sont d'un goût achevé. Rien de plus gracieux que le récit des amours du roi Édouard III et de la belle comtesse de Salisbury; rien de plus attachant que l'épisode d'Artevelle et la catastrophe qui termina ses jours. Froissart anime ses personnages, et M. de Barante en sait quelque chose; on les voit paraître sur la scène dans le costume du temps, avec leurs mœurs, leurs préjugés et leurs passions. Ces qualités précieuses de l'écrivain ont frappé tous les lecteurs. Voilà une réputation qui sort du tombeau, et brille d'un éclat inattendu. Qui sait si nous ne verrons pas d'autres résurrections du même genre? Il n'y a point de nation plus riche que la France en œuvres littéraires, et qui connaisse moins ses richesses. Le temps de l'indifférence est-il passé? ce serait un heureux présage pour l'avenir.

Je cherche quelquefois à deviner quelles sont les réputations contemporaines qui échapperont à l'oubli; je crois bien en apercevoir quelques-unes; mais je ne me hasarderai pas à les désigner, de crainte de passer pour un esprit caustique et téméraire; car toutes les réputations que je négligerais comme caduques, ne manqueraient pas de s'élever contre moi; ce serait un bruit à ne pas s'entendre. Il vaut mieux que chacun s'endorme paisiblement dans ses rêves d'immortalité. C'est le plus innocent de tous les plaisirs; il est même convenable d'entretenir de tels sentimens. Le désir d'obtenir l'estime publique est un juste motif d'émulation; s'il encourage la médiocrité, il soutient les efforts du talent. Une réputation acquise par d'honorables travaux est l'ornement des temps prospères et la consolation de l'adversité. Je me souviens d'avoir vu Chénier dans un état de souffrance qui lui laissait peu de relâche; il sentait la vie lui échapper par degrés, et ne conservait nulle espérance d'échapper à une mort prématurée. Chaque heure, chaque minute le traînait au tombeau ouvert sous ses yeux, dans la force de l'âge et du talent. Que serait-il devenu sans ce besoin de renommée, cette soif de gloire qui dominait ses affections? En se livrant à l'inspiration du génie, en perfectionnant ses ouvrages, il oubliait les maux présens, il vivait déjà dans l'avenir et dans les souvenirs impérissables de l'amitié. C'est alors que ses entretiens étaient sublimes, et que, dédaigneux de la terre, il s'élevait dans les plus hautes régions de la pensée. Il n'espérait rien de son siècle, il attendait tout de la postérité.

Parmi les hommes qui méritent une haute réputation, ou qui aspirent à l'obtenir, il en est plusieurs que l'injustice de la critique trouble et rend malheureux. Je voudrais les guérir de cette faiblesse assez naturelle et trop commune. Au temps où nous sommes, ce n'est ni l'éloge, ni la critique qui influe sur la réputation des écrivains. Le public ne voit partout que l'expression d'une opinion, et n'admet ni les haines, ni les jalousies, ni les partialités qui dictent tant de faux jugemens. Plus il est éclairé, plus il aime à juger par lui-même. Il reconnaît le talent et la médiocrité où ils se trouvent. On peut se tromper un jour; mais l'idole de la veille est brisée le lendemain. Les réputations sans mérite réel, quelque laborieusement fabriquées qu'elles soient, ne sont que des fusées volantes : combien de preuves j'en pourrais citer! combien d'auteurs croient avoir de la réputation, qui sont déjà placés au dernier rang! Certes, je ne troublerai pas le repos dont ils jouissent par les révélations personnelles de cette terrible vérité. Je respecte volontiers l'illusion qui peut faire le bonheur d'un honnête homme dépourvu de talent.

Les jeunes gens qui entrent aujourd'hui avec tant d'ardeur dans la carrière épineuse des lettres sont avides d'éloges, impatiens de renommée. A peine ont-ils composé un ouvrage, qu'ils se croient arrivés au but, et s'étonnent que leur réputation ne réponde pas à leur mérite, souvent très-réel. Quelquefois ils se plaignent de l'injustice ou de l'aveuglement du siècle, et se découragent; ils ne s'aperçoivent pas que la concurrence est grande, et que l'opinion publique, occupée de tant de manières, ne se fixe qu'avec le temps. Qu'ils continuent leurs travaux, et surtout leurs études; car à une époque où les formes du langage, assouplies et perfectionnées, se prêtent avec facilité à l'embellissement des pensées communes, il ne suffit pas de faire bien, il faut faire mieux. Ce n'est que par des efforts réitérés qu'ils sortiront de la foule : la réputation littéraire ne peut plus s'acquérir qu'à ce prix ; qu'ils se gardent surtout des doctrines trop faciles que proscrivent la raison, le goût, le sentiment des bienséances. Ces doctrines sont nées de l'impuissance de créer un plan, d'en ordonner les parties, et de s'arrêter aux développemens nécessaires. Rien de plus facile, pour peu qu'on ait d'imagination, de se perdre dans de monstrueuses rêveries, de tourmenter son langage, de tout exagérer, la pensée et l'expression. Mais aujourd'hui tant de personnes s'en mêlent ; nous sommes inondés de tant d'ouvrages où rien ne manque, excepté le bon sens, que c'est déjà une distinction de rester fidèle aux traditions des grands maîtres. Il faut étudier ces derniers, non pour les imiter servilement, mais pour se guider dans les routes nouvelles que le génie peut ouvrir. Je ne crains point de répéter de pareilles exhortations. Jamais elles ne furent plus nécessaires qu'aujourd'hui; jamais la nature et la vérité n'ont été plus outragées. Boileau! Voltaire! où êtes-vous ?   A. J.

N°. XXX. — 20 *août* 1824.

TRENTIÈME LETTRE.

LA TOUTE-PUISSANCE DES SOTS.

> Plus l'homme enrichit sa pensée, plus il accumule les élémens de son propre malheur.
>
> Mme. DE STAËL.

Oui, mon cher confrère, Mme. de Staël a raison : cette richesse de sensations et de pensées que les sots ne sauraient acquérir est en même temps, pour le génie qui la possède, une source de gloire et d'infortune. Le père de la femme célèbre que je cite en tête de cette lettre a fait un petit traité *du bonheur des sots*. J'aurai moins de peine à prouver leur toute-puissance. En effet, comme l'a dit si à propos en pleine académie, un bon poëte, qui n'en est pas, comme de raison :

Les sots, depuis Adam, sont en majorité ;

leur supériorité numérique s'est accrue dans une effrayante progression ; ils se sont comptés ; ils connaissent leurs forces, et maintenant ils commandent aux monarques ; imposent aux conquérans ; achètent les gens d'esprit ; emprisonnent les philosophes ; en un mot, ils sont nombreux, ils sont riches, ils sont adorés, ils sont maîtres, ils sont tout.

On a dit que la reine du monde était l'opinion ; on s'est trompé : c'est la sottise. On traitera cette proposition de paradoxe ; quelle vérité n'a pas subi cette dédaigneuse appellation ? Je prouve celle que j'énonce par des faits, et j'offre de parier qu'en choisissant dans chaque siècle l'homme le plus réellement influent, on verra qu'il avait le bonheur d'être un sot. En effet, sans s'arrêter au pouvoir nominal, que l'on remonte au pouvoir de fait, on le trouvera partout, aux mains d'un vieux mage, d'un jeune courtisan, d'une femme galante, d'un financier, d'un bouffon ou d'un eunuque. Le père Letellier s'empare des dernières années du règne de Louis XIV; le régent, homme d'esprit, est mené par Dubois, qui n'est à la vérité qu'un infâme, et non pas un sot; mais ce Dubois est mené par un valet imbécile. Mme. Dubarry, la plus ignorante des courtisanes, gouverne Louis XV et le royaume; Corneille abaisse son génie devant le plus sot des trésoriers de l'épargne; lord North parvient à imposer silence à Junius. Race impérieuse des sots! sots riches, sots nobles, sots que l'on craint que l'on envie, que l'on adore, votre puissance est éternelle, et les gens d'esprit ont été, sont et seront toujours vos très-humbles serviteurs.

Les sots sont ingrats et capricieux : Socrate enseigne la sagesse, ils l'empoisonnent; Colomb découvre l'Amérique, ils le jettent dans les fers. Les sots exilent Aristide parce qu'il est juste; Voltaire, parce qu'il est grand; Rousseau, parce qu'il est bon. Le pouvoir des méchans eux-mêmes pâlit devant celui des sots, et ceux-là, pour conquérir ou conserver la puissance, doivent au moins feindre la sottise.

Les sots, par toute la terre, ont fait triompher les idées les plus absurdes. Forts de l'appui du vulgaire, avec qui ils sont en rapport d'ignorance et de langage, ils ont mis, sur la crédulité humaine, un impôt dans la répartition duquel les gens d'esprit, il faut le dire, figurent souvent au nombre des plus forts contribuables.

La sottise, au bord du Gange, force par an deux ou trois cents femmes à se brûler sur le corps de leurs maris ; au Thibet, elle fait fouler aux pieds des éléphans, par l'ordre des bonzes, tous ceux qui sont soupçonnés de ne pas croire à l'immortalité du grand Lama. Partout on voit la sottise attrouper la foule imbécile autour des charlatans de place et des inspirés de taverne. Là, elle prend une torche et allume des bûchers ; plus loin, elle s'arme contre ses ennemis d'un lacet, d'un poignard ; ici, plus circonspecte, elle se contente encore d'étouffer la raison sous son vaste éteignoir.

Quelques liens de parenté qui unissent la sottise et la bêtise, cette dernière est presque toujours exclue du partage de la puissance : ce n'est pas l'absence totale de raison, d'idées et de lumières, c'est la fausseté des idées et du jugement qui assure, parmi les hommes, l'empire à la sottise. Le sot commande ; le stupide exécute ; l'homme d'esprit souffre et se plaint : telle est la marche de toute société, jusqu'à ce qu'une révolution brise la machine pour la reconstruire... sur les mêmes bases.

Dans ce tableau général de la sottise essayons de placer quelques portraits.

Coclès est le plus dangereux des sots : son intelligence n'est pas obtuse, elle est tortue ; il a la vue de l'esprit, comme le regard, fausse et de travers. Artisan des plus basses intrigues, Coclès, il faut lui rendre cette justice, s'est toujours moins occupé de se faire du bien à lui-même que de faire du mal aux autres ; il se croit toujours assez payé d'une mauvaise action quand elle a eu pour résultat de flétrir la réputation d'un homme de bien, de compromettre l'honneur d'une femme, de consommer la ruine d'une famille. Un défaut absolu de courage prive cet homme des avantages de l'effronterie, et le force de nier le mal qu'il fait, même en présence de celui à qui il profite, et auprès duquel il pourrait s'en faire un mérite. Coclès est plus méchant que sot; aussi n'arrive-t-il à rien : la sottise n'est pour lui qu'un moyen d'existence.

Partas est un sot, gros d'érudition; il n'est qu'ennuyeux; il fera son chemin. L'académie des belles-lettres le couronnera quelque jour : trois volumes in-4°. sur le nombre et la forme des clous dorés employés dans le temple de Salomon sont à la veille de paraître. On qualifie déjà cet ouvrage de chef-d'œuvre de la sottise. Il pourra fort bien ruiner le libraire; mais à coup sûr il fera la fortune de son auteur. Quelle étroite organisation du cerveau a pu déterminer la vocation de Partas vers le talent de tout lire, de tout commenter, de tout obscurcir? Qu'importe, s'il obtient une chaire; s'il y règne comme du haut d'un trône; s'il y tient la férule qu'il agite comme un sceptre : il vivra dans l'opulence, tandis que les C***., les T***., les A***., mourront peut-être de faim dans quelque grenier.

La fatigue que causent les sots est encore pour eux un moyen de parvenir : leur vanité assommante est un lourd contre-poids dont ils se servent pour enlever leur *gloire*. *Pertinax* en est la preuve; il répète depuis si long-temps qu'il est un personnage,

» Que dans la ville en feu on n'eût rien fait sans lui ;
» Qu'on ne peut ni trahir ni corrompre son monde,
» Si l'ami Pertinax en tout ne vous seconde ; »

que l'innombrable famille des niais a dû passer condamnation sur le mérite de son chef. Il a dit : « *Je suis plus profond que Voltaire,* » les sots ont répété, « Il est plus

DES SOTS. 69

profond que Voltaire»; « *Je suis plus éloquent que Cicéron* », ils ont répété, « Il est plus éloquent que Cicéron. »

Je connais beaucoup de sots qui ont réussi, comme Pertinax, par la seule force de la persévérance : le peu d'esprit qu'ils ont n'est pas droit, mais il est ferme ; ils se tiennent raides, mais de travers.

Curmudgeon est de cette espèce ; il se propose un but hors de sa portée, il y marche effrontément. Le terrain est mouvant et fangeux ; un aigle seul peut le franchir, mais un reptile peut s'y traîner. On le méprise, il l'ignore ; on le raille, il croit qu'on l'encourage ; on le siffle, il avance ; on le conspue, il est arrivé. Curmudgeon se redresse alors, et les honneurs tombent sur lui ; qu'il se fasse dévot, le voilà tout-puissant.

Si je soutiens que l'inertie des sots les sert mieux que l'activité des gens d'esprit ;

on va se récrier ; et cependant, voyez *Travel ;* la nature marâtre lui a tout refusé, talent, naissance, esprit, taille, figure ; c'est l'abrégé des imperfections humaines. Comment est-il parvenu au pouvoir ? il s'est trouvé par hasard à la tête de la colonne des sots ; on l'a poussé, il est arrivé au faîte, comme ce bloc de pierre que la grue va saisir au fond de la carrière où il était enseveli, pour le déposer au haut de la pyramide.

Les gens d'esprit se dispersent ; les sots se mêlent : ceux-ci ont entre eux une faculté agglutinative, d'où résulte une masse onctueuse et compacte contre laquelle viennent, non pas se briser, mais s'amortir les plus vigoureux efforts. Chamfort demandait combien il fallait de sots au théâtre pour faire un public ; on aurait pu lui répondre qu'il n'en fallait qu'une demi-douzaine pour faire le noyau : en un moment, les autres s'approchent, se serrent; une fois en force, ils intimident les faibles, forcent les gens de goût au silence, enlèvent le succès ou déterminent la chute : le *Misanthrope* tombe, *Timocrate* est porté aux nues, et la postérité vient ensuite demander à toute une nation compte du honteux triomphe de quelques sots.

Les troupes de cette puissante coalition ont trois espèces d'armes infiniment redoutables : le moment, le préjugé et l'habitude. Colomb veut-il conquérir un monde; la sottise lui oppose un préjugé. Rousseau veut-il que le lait maternel nourrisse les enfans; la sottise s'arme d'une habitude, et prétend que les lois de la nature sont soumises à la prescription. Un orateur élève-t-il la voix en faveur d'Hampden, de Russel ou de Sydney; la sottise répond qu'il y a des momens où la justice et l'humanité sont impossibles. Avec ces trois mots, ces trois armes et ces trois chaînes, il n'est pas de vices que la sottise ne fasse triompher, pas de folies qu'elle n'accrédite, pas de crimes qu'elle ne sanctifie. E. J.

N°. XXXI. — 13 *août* 1824.

TRENTE-UNIÈME LETTRE.

LES TROIS CARDINAUX.

Ut nemo in sese tentat descendere! nemo!
PERSE, sat. IV, vers 23.

Ah! qu'il est vrai que personne ne tâche de s'examiner et de se connaître! non, personne.

LE CARDINAL DE RICHELIEU, LE CARDINAL DE RETZ, LE CARDINAL MAURY.

LE CARDINAL MAURY.

JE vous cherchais depuis long-temps; il me tardait de vous rencontrer. Je me promets beaucoup d'agrément de votre commerce, beaucoup de fruits de vos entretiens.

LE CARDINAL DE RICHELIEU, au cardinal de Retz.

Voilà un homme qui me paraît étranger aux bienséances. Quelle familiarité présomptueuse dans le ton et les manières! Je serais étonné s'il avait un esprit de suite. Le connaissez-vous?

LE CARDINAL DE RETZ.

C'est la première fois qu'il se présente à mes regards. S'il ne se trouvait admis dans l'enceinte des princes de l'église, j'aurais pris son ombre pour celle d'un grenadier. (*Au cardinal Maury.*) Votre éminence nous fait beaucoup d'honneur; mais nous serions charmés d'apprendre son nom et de connaître ses qualités.

LE CARDINAL MAURY.

Mon nom a été assez répété sur la terre

pour n'être pas inconnu dans ces lieux. Les ombres qui m'ont précédé ont dû souvent vous parler de moi : je suis le cardinal Maury.

LE CARDINAL DE RETZ.

Dans ce cas, vous pourrez nous donner des nouvelles de l'abbé Maury. Qu'est-il devenu? que fait-il? quelle place éminente occupe-t-il en France depuis la restauration de la monarchie?

LE CARDINAL MAURY.

Vous le voyez devant vous.

LE CARDINAL DE RETZ.

J'aurais pensé que c'étaient deux personnages distincts l'un de l'autre; la renommée de l'abbé Maury est venue jusqu'à nous; nous savons peu de chose du cardinal.

LE CARDINAL MAURY.

Si le cardinal n'a pas fait autant de bruit

que l'abbé, c'est qu'ils se sont trouvés dans des conjonctures différentes. L'abbé a lutté contre une révolution terrible, tandis que le cardinal a vécu en paix sous un gouvernement protecteur de l'église, de l'ordre et des lois.

LE CARDINAL DE RICHELIEU.

Vous arrivez de France?

LE CARDINAL MAURY.

Non, j'arrive de Rome où j'ai été forcé de me réfugier après la chute de Napoléon. On m'a fait un crime d'avoir servi le chef d'un empire reconnu de toutes les puissances, et qui dominait l'Europe. Ceux qui avaient montré le plus de servilité dans leur langage et dans leur conduite se sont élevés contre moi avec le plus de véhémence. Le clergé français s'était prosterné au pied du trône impérial; je n'avais fait que suivre son exemple, et c'est moi qu'on a choisi pour victime : mes anciens services ont été oubliés; on n'a tenu compte ni de mon énergie dans les crises périlleuses, ni de mon éloquence à la tribune, ni de mon dévouement à la monarchie; je suis mort dans l'exil.

LE CARDINAL DE RETZ.

Vous avez été le bouc émissaire qu'on a chassé dans le désert, chargé des fautes d'Israël. Mais vous paraissez surpris de ce qui vous est arrivé!

LE CARDINAL MAURY.

Sans doute.

LE CARDINAL DE RETZ.

Quoi, vous êtes surpris de l'injustice des hommes! Vous vous étiez attaché, vous et votre réputation, à un parti qui vous comptait au nombre de ses chefs ou de ses principaux ornemens : vous désertez cette bannière, et lorsque, par un concours fortuit de circonstances, le parti triomphe, vous croyez qu'on se rappellera vos services, qu'on discutera les motifs de votre désertion, en un mot, que vous ne serez pas jugé sans être entendu. Il faut avouer que vous aviez là une singulière prétention. D'ailleurs, vous étiez plébéien, et l'on vous avait admis comme défenseur de la noblesse; n'était-ce pas trop d'honneur? Vous était-il permis de renoncer sans ingratitude à une pareille cause? On pouvait excuser le changement des nobles eux-mêmes, mais le vôtre! En vérité, vous n'y pensez pas.

LE CARDINAL MAURY.

Vous-même, tout factieux que vous étiez, n'avez-vous pas cédé à la force? ne vous êtes-vous pas humilié devant le pouvoir que vous aviez combattu? ne vous êtes-vous pas jeté aux pieds de Louis XIV, que, dans une minorité orageuse, vous aviez chassé de sa capitale? et cependant personne n'a blâmé votre conduite; vous n'avez été accusé ni de faiblesse ni de trahison.

LE CARDINAL DE RETZ.

Nos positions étaient différentes. Ce n'était ni contre le roi ni contre la royauté que la Fronde s'était soulevée : nous voulions chasser le Mazarin pour régner à sa place, pour disposer des trésors de l'état, pour rendre au parlement et à la noblesse l'influence que la vigoureuse administration du cardinal de Richelieu leur avait enlevée.

LE CARDINAL DE RICHELIEU.

Je connaissais bien votre caractère. Lorsqu'on me demanda ce que je pensais de l'histoire de la *Conjuration du comte de Fiesque* que vous aviez composée à l'âge de dix-huit ans, je répondis : « *Ce jeune ecclésiastique sera un esprit turbulent et dangereux.* » J'ai su depuis que vous aviez conspiré contre moi. C'était une grande témérité de votre part; car je n'étais pas un Mazarin. Si j'avais vécu plus long-temps, votre tête, comme celle de Cinq-Mars, aurait roulé sur l'échafaud.

LE CARDINAL DE RETZ.

Je sais que vous n'aviez aucune répugnance pour les moyens extrêmes, et qu'avec ces deux mots, « *raison d'état,* » vous tranquillisiez votre conscience sur les assassinats juridiques et les actes de vengeance qui ont signalé votre sanglante domination.

LE CARDINAL DE RICHELIEU.

C'est le reproche banal qui m'est adressé. J'aurais fait couler à torrens le sang du peuple, comme tant d'autres ministres, qu'on eût vanté ma sagesse et mon énergie ; j'ignore même si ma modération n'eût pas été un objet d'éloge. Mais j'ai livré à la rigueur des lois quelques têtes privilégiées : cela ne peut se pardonner ; je serai regardé comme un Néron jusqu'à la fin des siècles.

LE CARDINAL MAURY.

Est-ce que vous croiriez pouvoir justifier la mort du jeune Chalais, celle du maréchal de Marillac, le supplice du duc de Montmorency, de Cinq-Mars, du jeune de Thou, d'Urbain Grandier, l'exil de la reine mère, votre bienfaitrice, l'emprisonnement et les tortures de tant de malheureux dont les noms échappent à ma mémoire ? Est-il quelque raisonnement qui puisse consacrer l'injustice et les crimes contre l'humanité ?

LE CARDINAL DE RICHELIEU.

Je n'ai qu'un mot à dire. La société était

une arène où la royauté et l'aristocratie étaient aux prises. Défenseur de la royauté, j'ai voulu vaincre et j'ai vaincu. Est-ce qu'on a jamais demandé compte à un général victorieux du sang versé sur le champ de bataille?

LE CARDINAL DE RETZ.

La clémence après la victoire n'est-elle plus une vertu?

LE CARDINAL DE RICHELIEU.

La victoire n'était pas même décidée à ma mort. Vous et votre Fronde vous en êtes la preuve. Il me fallait encore quelques années de vie, et la lutte était terminée. Mais permettez-moi de vous interroger à mon tour. Quel était le fond de tous vos complots? n'était-ce pas l'assassinat? n'est-ce pas par une sorte de miracle qu'après la prise de Corbie j'échappai dans Amiens à une mort violente? Le duc d'Orléans, le comte de Soissons, Montrésor, Saint-Ibal, Varicarville, Lepinay, Cinq-Mars, vous-même, ne m'aviez-vous pas destiné au sort du maréchal d'Ancre?

LE CARDINAL DE RETZ.

Je l'avoue.

LE CARDINAL DE RICHELIEU.

Je ne l'ignorais pas, et j'agissais en conséquence. La moindre faiblesse m'eût perdu. Je n'entreprenais rien sans y avoir mûrement réfléchi; mais une fois décidé, j'allais droit au but : je renversais, je fauchais tout, et ensuite, je couvrais tout de ma soutane rouge.

LE CARDINAL MAURY.

Il est vrai que vous étiez entouré d'ennemis.

LE CARDINAL DE RICHELIEU.

J'avais à combattre la maison d'Autriche, jalouse de la grandeur où je poussais la France ; la noblesse de cour, accoutumée à une licence effrénée ; les calvinistes, qui formaient un état dans l'état ; Marie de Médicis, esprit brouillon, avide d'un pouvoir qu'elle était incapable de manier ; la reine régnante, Anne d'Autriche, plus Espagnole que Française ; le frère du roi, livré à d'atroces conseils ; enfin, le roi lui-même, que blessait ma supériorité. Voilà quelle était ma position : j'ai fait face à tout ; j'ai humilié la maison d'Autriche, et l'ai forcée de renoncer à son projet de monarchie universelle ; j'ai amené sur son territoire Gustave Adolphe, le héros du siècle ; j'ai soulevé la Catalogne, préparé la révolution de Portugal, allumé au sein de l'Angleterre le feu des discordes civiles. Les protestans soumis ont recueilli les bienfaits de l'édit de Nantes qui n'aurait jamais dû être révoqué; j'ai délivré le peuple de mille tyrannies qui le tenaient dans la servitude, et affermi l'autorité de la couronne. Le corps politique n'a plus reconnu qu'un seul chef; j'ai encouragé les lettres et les arts. Sans moi, le dix-septième siècle, si brillant de splendeur, n'eût été qu'un siècle d'anarchie. Il me doit tout, sa tranquillité, ses lois, ses monumens, ses victoires.

LE CARDINAL DE RETZ.

Tout cela veut dire que vous avez établi le despotisme.

LE CARDINAL DE RICHELIEU.

Indiquez-moi un autre moyen de détruire l'anarchie, soit qu'elle prenne sa source dans les passions populaires ou dans les prétentions de l'aristocratie.

LE CARDINAL MAURY.

Ne pouviez-vous fonder les libertés publiques?

LE CARDINAL DE RICHELIEU.

Cette idée est moderne; mais ce n'est pas avec de telles idées qu'il faut me juger; c'est le signe d'un esprit superficiel. Croyez-vous qu'il soit possible de rendre à volonté un peuple libre? Non, ces transitions ne se font jamais brusquement. Il faut, pour la liberté, des lumières, des opinions, des mœurs qui ne s'acquièrent ou ne se forment qu'avec lenteur. La liberté arrive et se fait jour lorsqu'elle est devenue un besoin de la société. C'est à l'homme d'état à juger de l'époque, et il est facile de la reconnaître. Quand les institutions ne sont plus d'accord avec l'état moral des peuples et les intérêts généraux, la crise s'approche, il est temps de s'y préparer.

LE CARDINAL DE RETZ.

C'était, au fond, notre projet; nous étions tentés par l'exemple de l'Angleterre.

LE CARDINAL DE RICHELIEU.

Vous n'étiez que des enfans mutins; il a fallu, pour vous donner de l'importance, la faiblesse de Mazarin. Votre parlement, qui imposait les portes-cochères des rues de Paris pour lever des troupes, ne ressemblait pas plus au parlement britannique que le sénat de Berne ne ressemble au sénat romain. N'aviez-vous pas vous-même un régiment qu'on appelait, je crois, le régiment de Corinthe?

LE CARDINAL DE RETZ.

Le fait est vrai; il fut même battu à sa première sortie, et cette malheureuse défaite fut appelée, *la première aux Corinthiens*. Nous étions aussi prêts à rire qu'à nous battre. C'est la guerre civile la plus comique qu'on ait jamais vue. On s'égorgeait en plaisantant. J'étais même obligé, pour ma défense personnelle, de porter un poignard aux séances du parlement, et le peuple disait : « *Voilà le bréviaire de notre archevêque.* »

LE CARDINAL DE RICHELIEU.

Les Anglais ne riaient pas; ils avaient du fanatisme : c'est le grand instrument des révolutions. Vous combattiez un ministre, les Anglais combattaient la royauté elle-même. Vous avez succombé, ils ont réussi; cela devait être.

LE CARDINAL MAURY.

Si Louis XVI avait eu un ministre tel que vous, il eût sans doute évité ses malheurs. Vous auriez mis en usage cette étendue de génie, cette fermeté de caractère, cette rigueur inflexible que vous avez développées pendant votre règne. Vous auriez contenu les factions par la terreur, et maintenu l'autorité royale dans toute sa plénitude.

LE CARDINAL DE RICHELIEU.

J'ai été l'homme de mon temps, j'aurais été probablement l'homme du vôtre. Mais je ne veux point vous abuser. Il est possible que j'eusse commis des fautes; car je ne voyais l'ordre que dans le pouvoir, et j'aurais été submergé comme tant d'autres dans le torrent de la révolution. Quand les peuples se mettent en mouvement, c'est qu'il y a fanatisme; et l'impulsion est alors insurmontable. Les résistances l'irritent; il faut donc se mettre de bonne foi dans le mouvement, si l'on veut qu'il suive son cours naturel. Vous n'avez pas connu cette vérité; je ne l'aurais peut-être pas connue moi-même. Quand les événemens sont accomplis, il est facile de voir quelle ligne de conduite on aurait dû tenir; mais, au moment critique, l'esprit le plus sage peut manquer de justesse. Vous et votre parti vous deviez succomber.

LE CARDINAL MAURY.

Comment cela?

LE CARDINAL DE RICHELIEU.

Vous n'aviez ni la force morale ni la force matérielle; vous vantiez les droits du pouvoir à un peuple qui ne voulait connaître que les droits de la liberté; vous parliez de respect pour les priviléges quand l'égalité des droits était le grand intérêt de tous. D'ailleurs, les chefs de votre parti étaient dominés par une fausse idée; ils pensaient que la révolution se détruirait par ses propres excès, et ils poussaient à l'anarchie.

LE CARDINAL MAURY.

Le reproche est grave; mais est-il juste?

LE CARDINAL DE RICHELIEU.

Ne pensez pas que je parle au hasard, j'ai bien étudié votre révolution. Cette étude convenait à mes goûts; car nous conservons ici notre caractère et nos penchans terrestres. Je me rappelle qu'à la première époque de vos troubles civils il fut question d'établir deux chambres, c'est-à-dire de consolider le gouvernement par la division des pouvoirs, et de les maintenir en équilibre. Tous les vrais amis du roi et de l'état devaient soutenir avec ardeur un pareil projet; cependant les députés de la noblesse se réunirent aux plus violens démocrates pour le rejeter. Ferrières me l'a dit, et son témoignage n'est pas suspect [1].

[1] *Mémoires du marquis de Ferrières.* Ils font partie de

LE CARDINAL MAURY.

Qu'en voulez-vous conclure?

LE CARDINAL DE RICHELIEU.

Que l'intérêt de l'aristocratie l'emportait dans votre parti sur celui de la royauté; que les crimes de la révolution sont en partie votre ouvrage; que vous étiez entraînés par des motifs d'ambition; et que vous, en particulier, vous n'aviez en perspective que le chapeau de cardinal.

LE CARDINAL DE RETZ.

Passons légèrement sur ce dernier article. C'est aussi la guerre civile qui m'a valu la dignité de cardinal. Et ce n'est pas pour faire l'apôtre que vous avez enlevé à la cour de Rome votre nomination.

l'intéressante collection de mémoires historiques publiée par les frères Baudouin.

LE CARDINAL DE RICHELIEU.

J'en conviens; mais la pourpre romaine était pour moi un moyen et non un but; j'en avais besoin pour gouverner; je n'avais que des vues élevées.

LE CARDINAL DE RETZ.

Vous aviez aussi vos petitesses. Vous ajoutiez foi aux horoscopes du père Campanelle, votre astrologue; vous vous mêliez de faire le poëte, et vous vous érigiez en connaisseur d'ouvrages dramatiques; vous ne pouviez pardonner à Corneille la gloire du Cid. Croyez-vous qu'on ait oublié que vous vous piquiez de bien monter à cheval? L'histoire a gardé le souvenir de votre équipage militaire, lorsque vous parûtes en habit de feuille morte, brodé en or, à la tête de l'armée de Piémont. On sait aussi que vous affectiez des manières galantes auprès des dames; que vous présidiez aux thèses d'amour chez la duchesse d'Aiguillon, votre nièce bien-aimée. Marion de Lorme vous recevait clandestinement chez elle; et vous avez, dit-on, soupiré pour Ninon de l'Enclos.

LE CARDINAL DE RICHELIEU.

J'étais homme, et je n'ai pas échappé aux faiblesses de l'humanité. Mais vos reproches me surprennent. Vous qui vous vantez dans vos Mémoires des faveurs de madame de Pommeroux, et de tant d'autres, vous devriez être plus indulgent. Croyez-vous que notre confrère n'ait pas aussi quelques peccadilles de ce genre sur la conscience? On m'a raconté, à ce sujet, des anecdotes assez plaisantes; il paraît que M. l'abbé Maury ne dédaignait pas même la Vénus vulgaire.

LE CARDINAL MAURY.

Du moins je n'ai pas fait répandre de sang.

LE CARDINAL DE RICHELIEU.

Plus peut-être que vous ne pensez. Mais je l'avoue, car ce n'est point ici le séjour de la dissimulation, j'avoue que je ne pense jamais sans remords à la destinée des victimes que j'ai sacrifiées à mes ressentimens plutôt qu'au salut de l'état; je voudrais arracher quelques pages de mon histoire : les hommes investis du pouvoir oublient trop souvent qu'il n'y a point de véritable grandeur sans justice et sans modération. Au fond, nous avons tous agi d'après notre intérêt personnel; la seule différence, c'est que le mien s'est quelquefois trouvé d'accord avec l'intérêt général. Mais voyez-vous passer cet homme ! (*L'ombre de Fénélon paraît dans l'éloignement.*) Voilà celui qui nous éclipse tous. Il voulait sincèrement le bien; il aimait la vérité; il a osé la dire dans d'immortels écrits; il est encore après sa mort le bienfaiteur des nations. C'est là de la vraie gloire! Que sommes-nous auprès de Fénélon?

A J.

N°. XXXII. — 24 *août* 1824.

TRENTE-DEUXIÈME LETTRE.

LES INCURABLES.

Heartless, thoughtless, friendless ones.
SHAKSPEARE.
Ils n'ont ni âme, ni pensées, ni amitié.

JE tiens registre de mes observations, à peu près comme un négociant tient ses livres de commerce; j'ai mon journal, mon mémorial, mon alphabet et mon grand livre. Je viens d'ouvrir ce dernier à l'article *Incurables*, et j'y trouve consignées une foule de remarques que j'ai eu occasion de

faire dans le cours d'une longue pratique sur les maladies morales dont je crois la guérison impossible, du moins dans l'état actuel des sociétés. Je veux aujourd'hui, mon cher confrère, vous communiquer celles de mes observations auxquelles j'attache d'autant plus d'importance qu'elles sont le résultat de l'autopsie la plus scrupuleuse. Vous m'en direz votre avis.

Première observation.

René Lebas. — Ce sujet a cinquante-six ans, les cheveux frisés, le ventre aplati, quoique gras, la taille courte, la main large et les yeux clignotans. Le *facies* est habituellement hâve et jaune. Le pouls de cet homme a la singulière propriété de battre du même mouvement que celui de la personne près de laquelle il se trouve placé. René Lebas a tout ce qu'il faut pour être heureux, à la manière de Fontenelle : il a un bon estomac et un mauvais cœur.

La puissance loco-motrice a changé de place dans cet individu : c'est sur le ventre qu'il se traîne, et il a une telle habitude de cette allure, qu'il va presque aussi vite que le boiteux le plus ingambe. René a commencé à ramper dès l'âge de douze ans, à l'institut des jésuites de La Flèche; il a rampé à Versailles, il a rampé au Manége, il a rampé au Luxembourg, il rampe depuis vingt ans aux Tuileries; maintenant il voudrait se redresser sur ses jambes, mais l'ankylose est formée; le mal est incurable.

Deuxième observation.

Octave Arripe. — Quarante ans; poil roux, bouche grimaçante, front bas et plat, taille mince et difforme, atrophie universelle. Le malade est en proie à la plus horrible des maladies morales; il a l'envie. Tout ce qu'il y a de bien, de beau, de bon au monde est, pour Arripe, un sujet de chagrin et de douleur. La jeunesse, la beauté, la richesse, la valeur, les talens chez les autres, font le malheur de sa vie. Tout éloge qu'il entend, et dont il n'est pas l'objet, le fait rougir de honte et de colère; il le prend pour une injure personnelle. Mais de tous les coups qu'on puisse lui porter, l'annonce du succès d'un de ses amis est le plus sensible. Malheur à qui lui apportera le premier une pareille nouvelle; il ne lui pardonnera jamais. Ses haines les plus fortes ont pour objet les plus hautes réputations dans quelque genre que ce soit; et il entre dans la même fureur en entendant vanter les services rendus à l'humanité par Jenner, la gloire militaire de Napoléon, le patriotisme de La Fayette, le beau caractère de Daru, es vertus de Boissy-d'Anglas ou de la Rochefoucault. Condamné à la médiocrité par la nature, et malheureusement assez juste envers lui-même pour apprécier le mérite des autres, tous les genres de supériorité lui sont odieux; il calomniera jusqu'au malheur, si celui qui l'éprouve le supporte avec courage.

Dernièrement un incendie a consumé un établissement magnifique, où la plus grande partie de la fortune d'Arripe était placée; il s'en est consolé en songeant que ce malheur réduisait à la misère son associé, au mérite duquel on faisait honneur de la prospérité de leur entreprise.

Troisième observation.

ROMAIN LE BUFFLE. — Il a soixante-douze ans, le front bombé, la taille sèche et droite comme un arbre sans feuillage, la constitution musculeuse, la mâchoire saillante, et l'alvéole des dents canines à découvert. Ce courtisan boxeur, qui jadis s'est fait faire place à coups de poing parmi des hommes efféminés, a la manie de descendre encore dans l'arène, et s'étonne d'être renversé par les fils de ceux qu'il a désarçonnés autrefois. Si le Buffle passe par la halle au blé, et qu'il aperçoive un jeune *fort* soulevant sans peine trois sacs de farine, il veut en faire autant, et, las de se consumer en efforts superflus, il entre en fureur contre les spectateurs qui se moquent de lui, et finit par tomber dans une sorte d'épilepsie dont on n'a pas assez de pitié. Romain le Buffle ne guérira que lorsqu'il aura vingt-cinq ans.

Quatrième observation.

AMALTHÉE GRANDIN. — Vingt-six ans,

cheveux blonds, frisure artificielle, embonpoint factice, voix nasale, démarche assurée, que le malade cherche à rendre nonchalante, bouche en cœur, costume élégant.

Ce jeune malade réunit deux dispositions opposées, d'où résulte une indisposition incurable. Il est *fat* et *romantique*. Prise à part, chacune de ces infirmités serait susceptible de guérison ; réunies, je n'y connais pas de remède.

J'ai vu Amalthée entrer au café de Paris, et, tout en gémissant sur les longues heures de la vie, demander avec un soupir un sorbet au maraskin. Amalthée se plaint d'avoir à remplir la double destinée d'un homme à bonne fortune et d'un homme de génie; il est l'amant d'une vieille coquette; il a composé un poëme en prose sur *les Amours des onze mille Vierges ;* il a remporté le prix de l'églantine d'or aux jeux floraux de Toulouse, et s'est battu deux fois en duel avec des maris qu'il n'avait outragés que par de fausses confidences. Amalthée est incurable.

Cinquième observation.

PACOME OBLIQUET. — Il aura quatre pieds deux ou trois pouces si l'on parvient à redresser ses jambes de forme semi-circulaire ; œil louche, teint cuivré et nez de perroquet.

Ce bonhomme n'a d'autre infirmité que de marcher, de voir, d'entendre, de parler, de penser et d'écrire de travers. Figure, esprit, jugement, en lui tout est faux. Tout son être est un mensonge. L'objet qu'il voit n'est jamais celui qu'il regarde ; le but où il tend n'est pas celui vers lequel il se dirige. Chez lui, un sens n'en redresse pas un autre ; tous concourent à la défectuosité de chacun. Ce qu'il y a de singulier, c'est qu'Obliquet a une réputation de droiture sur laquelle il vit, et dont personne n'est dupe, pas même ceux qui la lui ont faite. Obliquet est d'autant plus incurable qu'il vit à une époque où il tire un excellent parti de ses vices de conformation.

D'après ce court extrait de mes observations pathologiques, vous pouvez juger que si l'on pensait à rassembler dans un même local les incurables de toute espèce que j'ai soigneusement examinés depuis une vingtaine d'années, ce ne serait pas trop d'un quartier de Paris pour établir un si vaste hôpital.

Là se trouveraient naturellement logés ces malheureux dont la tête se tourne toujours en arrière, de manière à ne pouvoir faire un pas en avant sans trébucher; ces gens en place qui ne peuvent tomber de leur siége sans se disloquer dans leur chute; ces bourdons titrés qui vivent aux dépens des abeilles laborieuses, et s'engraissent d'un miel qu'ils ne sauraient produire; ces ministres d'un Dieu de paix et de bonté qui ne respirent que la guerre et l'intolérance; ces écrivains sans âme et sans probité, qui vendent la calomnie et la louange à tant le paragraphe, et se vouent à la honte pour échapper à la misère où leur médiocrité les condamne; ces jeunes gens que leurs premières habitudes ont jetés dans le sentier de la paresse et de l'orgueil, et dont l'esprit et le cœur ne s'ouvriront jamais à une noble pensée, à un noble sentiment; ces femmes étrangères à toutes les vertus de leur sexe, qui achèvent dans l'intrigue une vie commencée dans le caprice et le scandale.

Vous remarquerez peut-être, mon ami, que tous mes incurables appartiennent aux premières classes de la société; mais vous ne m'en demanderez pas la raison. Le moyen de guérir quand on ne peut vivre que dans le foyer même de la corruption!

E. J.

N°. XXXIII. — 26 *août* 1814.

TRENTE-TROISIÈME LETTRE.

LE DIX-HUITIÈME SIÈCLE.

.... *Volet hæc sub luce videri*
Judicis argutum quæ non formidat acumen.
Horace.
Tel autre ne craint pas d'être vu au grand jour.

Nous avons plus d'une fois observé, avec surprise, la constante inimitié qui poursuit le dernier siècle. Il lui arrive ce qui n'était encore arrivé à aucun des âges dont l'histoire a conservé le souvenir. On l'attaque comme un être réel; il est personnifié comme le génie du mal; on l'accuse, on le diffame, on le rend responsable des calamités publiques, des infortunes privées, de toutes les déplorables catastrophes qui ont tourmenté ses dernières années. Peu s'en faut qu'on ne lui attribue les révolutions physiques, aussi bien que les révolutions morales; qu'on ne lui demande compte des famines, des pestes, des tremblemens de terre et de l'éruption des volcans.

A entendre les ardens ennemis de ce malheureux siècle, on croirait que, jusqu'à l'époque où il est entré dans l'ordre des temps, le repos des hommes, le bonheur des peuples, n'avaient reçu aucune altération; que la justice et l'humanité régnaient en souveraines sur la terre. On oublie tout ce que la France, tout ce que l'Europe ont souffert jusqu'au dix-huitième siècle; on ne se souvient plus des longues périodes d'ignorance, de superstition et d'anarchie; on ne se rappelle ni la guerre de trente ans, ni les guerres civiles, ni les massacres d'Irlande, ni les tortures de l'inquisition ; on semble avoir perdu la mémoire des fureurs de la Ligue, des vêpres sanglantes de la Saint-Barthélemi, du meurtre de deux rois, de l'échafaud de Charles Ier., des Dragonades, de la proscription de cent mille familles protestantes, de la confiscation de leurs biens, et de l'inexorable fanatisme triomphant au milieu des désastres publics.

Vous ne pensez pas sans doute que, par ces rapprochemens historiques, je veuille excuser les excès de la révolution qui a fermé le dernier siècle ; je n'ai d'autre but que de parvenir à une importante vérité ; c'est que, pour bien juger une époque, il faut examiner quelle a été l'opinion générale sur les événemens qu'elle a produits.

Lorsque le tocsin de Saint-Germain-l'Auxerrois eut donné le signal du massacre des protestans, le carnage s'étendit sur toute la France, et pénétra jusque dans les moindres hameaux. Les gouverneurs des provinces, les commandans des villes, sauf quelques exceptions honorables, secondèrent les fureurs d'une cour livrée à la corruption et au crime. Cette nouvelle fut reçue à Rome avec des transports de joie inexprimables; des réjouissances publiques furent ordonnées; le pape, accompagné des cardinaux, alla en grande pompe à l'église de Saint-Louis remercier Dieu d'un événement si heureux; il bénit, d'une voix sacrilége, ces sacrifices de sang humain. En France, les premières classes de la nation avaient pris part à cette horrible tragédie. L'opinion générale la regardait comme une œuvre méritoire; ce fut là précisément le crime du siècle.

Les maximes du pouvoir absolu s'étaient tellement accréditées pendant le dix-septième siècle, que lorsque Louis XIV, séduit par un zèle aveugle, trompé par d'indignes ministres, confia au sabre de ses dragons la conversion des religionnaires, et porta un coup mortel à son pays en livrant à la persécution, en chassant des foyers paternels, tant d'innocentes victimes de l'intolérance, ces actes tyranniques n'excitèrent aucune surprise. Comment ce malheureux prince aurait-il pu reconnaître son erreur, lorsque de toutes parts il n'entendait que la voix des flatteurs et le vain bruit des louanges? Dans les chaires évangéliques, au sein des académies, on lui rendait grâces des malheurs de la France. L'ascendant toujours irrésistible de l'opinion peut servir jusqu'à un certain point à justifier la mémoire de Louis XIV; les dragonnades, l'exil des protestans furent aussi le crime du siècle.

Il n'en fut pas ainsi des excès révolutionnaires; à cet égard, l'honneur du siècle est à l'abri. Prenons pour exemple les affreuses journées de septembre! Qui ne sait que, loin d'y prendre part, la nation en frémit d'horreur; que, loin d'être accueillis par des cris de triomphe, comme le massacre des protestans, ces crimes de l'anarchie excitèrent l'indignation publique; ils furent l'œuvre de quelques brigands obscurs qui n'ont paru qu'un jour, et qui sont rentrés dans les ténèbres avec leurs remords. La conscience publique a désavoué toutes les scènes sanglantes de la révolution. Le siècle les a condamnées.

Tel a été le caractère de cette mémorable époque. Tout ce qui dans la révolution fut grand, généreux, héroïque, est l'ouvrage du siècle; le reste appartient à l'ambition, à la cupidité, à la vengeance, passions terribles, qui sont les mêmes dans tous les temps, qui abusent sans distinction de ce qu'il y a de plus respectable, de plus sacré parmi les hommes.

Quelle est donc la véritable cause des attaques calomnieuses dont le dernier siècle est l'objet ? Son crime est d'avoir détruit des erreurs nuisibles aux sociétés, mais utiles à certaines classes ; son crime irrémissible c'est l'esprit philosophique dont la salutaire influence assure la prospérité des nations. Que de bienfaits ne devons-nous pas à cet esprit d'examen et de sagesse, seul moyen d'améliorer les destinées de l'homme ? Si tous les Français avaient écouté les conseils de cette philosophie si injustement décriée, il y aurait eu des changemens dans l'ordre social, mais point de révolution. Les réformes indispensables se seraient opérées sans résistance ; la transition du pouvoir absolu au pouvoir constitutionnel n'aurait produit aucune secousse : la philosophie n'attaquait que les abus, mais chaque abus avait une multitude de défenseurs. Cette opposition a produit des excès déplorables, et la philosophie, qui voulait les prévenir, en est accusée. Si pour revenir à leur ancienne pâture, ceux qui vivaient des abus du pouvoir absolu, excitaient par leur imprudence de nouvelles catastrophes, ils en feraient encore un sujet de reproche au dix-huitième siècle.

Mais la raison publique a fait trop de progrès pour laisser quelques chances de crédit à de pareilles accusations. L'esprit du dernier siècle a triomphé, et à son triomphe est attaché le bonheur de la France. C'est lui qui a empêché le despotisme, soutenu par la victoire, de consolider son empire; c'est lui qui a dicté cette charte protectrice à laquelle nous devrons un jour nos libertés; c'est l'ancre qui, dans la tempête, nous a sauvés deux fois du naufrage.

S'il faut en croire les détracteurs du dix-huitième siècle, la littérature française, desséchée par l'esprit philosophique, n'a produit pendant cette époque rien de grand ou de vraiment beau. Dans la décadence des arts d'imagination la France a perdu l'incontestable supériorité qu'elle avait acquise sur les autres peuples. Je vais examiner rapidement ces assertions qui ont servi de texte à tant d'amplifications de collége.

Sans doute la littérature a brillé d'un vif éclat sous le règne de Louis XIV; mais si l'on excepte quelques grands hommes dont les chefs-d'œuvre sont immortels, la culture des lettres était abandonnée à la présomptueuse médiocrité. Scudéry réussissait à côté de Corneille; les succès de Pradon balançaient ceux de Racine; le public hésitait entre Montfleury et Molière, et, au grand dépit de Boileau, le ridicule auteur de la Pucelle

« Était le mieux renté de tous les beaux esprits. »

Le goût général flottait incertain entre les

monumens du génie et les œuvres de la sottise; madame de Sévigné, elle-même, l'un des prodiges du siècle, annonçait que le plus parfait de nos poëtes, que l'auteur d'Athalie « *passerait comme le café.* »

Sous le rapport du goût, le dix-huitième siècle a été évidemment supérieur au siècle précédent. C'est pendant le cours de cette première époque que les grands écrivains qui avaient illustré le nom de Louis XIV, furent dignement appréciés, et prirent le rang qu'ils méritaient dans l'estime publique. En même temps que le goût se perfectionnait, la langue faisait des progrès, et l'éloquence s'ouvrait un nouveau domaine : elle passait de la chaire au barreau, et forçait ainsi le dernier asile de la barbarie. Des hommes de talent, dans tous les genres, fixèrent l'attention de la France et les regards de l'Europe. Il suffirait, pour fonder la renommée littéraire d'un peuple, de poëtes, d'orateurs, d'écrivains, tels que Crébillon, Rousseau le lyrique, Racine le fils, Piron, Gresset, Delille, Parny, Massillon, Beauvais, Mirabeau, Rollin, Le Sage, d'Alembert, Diderot, Duclos, La Harpe, Marmontel, et Bernardin de Saint-Pierre. Au-dessous même de ces écrivains célèbres, on pourrait citer des auteurs dont les noms ne sont pas sans gloire, et dont les écrits ont contribué au mouvement de la raison humaine.

Mais au milieu de cette imposante réunion s'élèvent d'autres hommes d'une force supérieure, qui ne redoutent aucune comparaison avec leurs prédécesseurs, soit par l'étendue, la variété, l'utilité des travaux, soit par la hauteur et l'éclat du génie. Quel siècle, après avoir produit Voltaire, Montesquieu, Rousseau, Buffon, pourrait craindre une destinée obscure?

Vous n'ignorez pas quels efforts, encouragés par un despotisme clairvoyant, ont été tentés pendant quinze ans, pour détruire l'indestructible renommée de ces grands hommes. Jamais l'opinion n'a été tourmentée avec plus de violence et de sollicitude; jamais la haine ne s'est montrée plus active, et la déraison plus persévérante. Qu'en est-il résulté? une plus vive admiration pour ces immortels écrivains dont chacun suffirait à l'illustration d'un siècle.

On insiste; on dit : L'esprit philosophique a été nuisible à la litérature. Oui, sans doute, si l'on entend cette littérature frivole qui tourne dans le cercle étroit des mêmes idées et des mêmes images, qui ne sort point d'une mythologie usée, et qui convient parfaitement aux peuples vieillis dans une longue enfance.

On ajoute : Les mœurs étaient corrompues. Cela est vrai; mais d'où venait cette corruption? n'est-elle pas une conséquence naturelle de l'exercice du pouvoir absolu? Lorsque les hommes, investis d'une autorité illimitée, outragent ouvertement la pudeur publique, se livrent sans mesure aux déréglemens des passions, l'exemple n'est-il pas contagieux? Et quand les mœurs du sérail ont passé dans la ville, quelle puissance en arrêterait les funestes progrès? elles envahissent jusqu'au sanctuaire. Du moins, lorsque les mœurs sont dépravées, et que les opinions sont pures, tout peut se réparer.

Cette opposition des mœurs et des opinions est un phénomène dans l'histoire des sociétés; c'est le trait caractéristique du dernier siècle. Les mœurs étaient déjà corrompues avant sa naissance; les opinions lui appartiennent. Si les vices sont moins effrontés, et les liens qui unissent les familles plus étroits; si l'enfance n'est plus abandonnée à des soins mercenaires; si les vertus domestiques ont cessé d'être un sujet de dérision; si l'amour de l'humanité, si l'attachement à la patrie ont survécu aux mouvemens impétueux de l'anarchie, et même aux rêves sanglans du despotisme, c'est à la force de l'opinion que la France en est redevable. Cette opinion, formée par l'esprit philosophique, nous l'avons reçue du dix-huitième siècle. C'est la partie la plus précieuse de l'héritage qu'il nous a laissé.

Et qui sommes-nous, pour accuser le dix-huitième siècle de médiocrité? Où sont donc les génies que nous puissions opposer aux grands écrivains de cette époque? Est-ce M. l'abbé de La Mennais, M. de Boulogne ou M. Frayssinous, qui feront oublier Massillon? M. de Bonald et M. de Maistre auraient-ils la prétention de remplacer

Montesquieu? Quel orateur oserait se placer à côté de Mirabeau? et Voltaire et Rousseau ! montrez-moi leurs rivaux. Nous avons quelques hommes d'un talent très-distingué dans des genres divers; nous pouvons nommer des littérateurs estimables, des critiques judicieux, des jeunes gens qui promettent beaucoup, et qui tiendront ce qu'ils promettent, si l'amour du paradoxe, si une confiance trop présomptueuse en eux-mêmes ne les éloignent pas de la vérité et de la raison. La poésie s'est réveillée; la scène s'est enrichie de quelques beaux ouvrages; la muse lyrique a retrouvé de nobles chants; voilà nos richesses, et je suis loin de les dédaigner; personne n'est plus disposé que moi à rendre justice au mérite contemporain. Mais c'est encore le dix-huitième siècle qui nous domine. Ce qu'il peut y avoir de grand dans les compositions modernes, c'est l'inspiration de la philosophie; elle leur donne la vie. Enfans ingrats, n'outragez pas votre mère!

A. J.

N°. XXXIV. — 28 *août* 1824.

TRENTE-QUATRIÈME LETTRE.

UNE PROVINCIALE A PARIS.

Madame de Mérange attendait une jeune dame de Lunéville, qu'une vieille tante lui avait recommandée, et dont elle s'était fait une idée d'autant plus ridicule que sa tante lui en faisait un plus pompeux éloge. La réception de madame de Bodlosquet était un petit divertissement que madame de Mérange avait voulu ménager à ses amies du noble et du brillant faubourgs. Il avait été convenu, sans doute pour mettre la provinciale plus à l'aise, que ces dames arriveraient parées de tout ce que le luxe, le goût et la mode pourraient leur fournir de plus délicieux. Une vingtaine de jeunes gens, connus pour l'excellence de leurs manières, et la grâce de leur persiflage, devant lequel aucune vérité, aucune vertu ne restaient solennelles, avaient été prévenus, ainsi que ces dames, de se rendre de bonne heure à l'assemblée afin de rendre le cercle plus imposant, et conséquemment l'entrée de la petite dame de Lunéville plus amusante.

Attendu que la lettre de recommandation de la tante prévenait que sa jeune amie avait des talens de toute espèce, on n'avait pas manqué d'inviter des amateurs et même des artistes de première force, pour se donner le plaisir d'entendre la virtuose de Lorraine estropier, sur un magnifique piano d'Érard, une vieille sonate de Steibelt, ou de la forcer à chanter en patois italien quelque air aussi nouveau que *Si m'abandonnè*, ou *Nel cor più non sento*.

Cette soirée où l'on se promettait tant de plaisir arriva; le cercle était brillant et nombreux, et la provinciale était depuis une heure l'objet des plaisanteries les plus aimables et des mots les plus heureux, lorsqu'on l'annonça sous le nom de la baronne Bilboquet. Cette première espièglerie était l'ouvrage d'un de ces messieurs, qui avait été donner la consigne au laquais chargé d'annoncer.

La jeune dame, sans se déconcerter du fou rire que son nom ainsi défiguré excitait dans le salon, s'avança avec autant de grâce que de dignité vers la maîtresse de la maison, qui se confondait en excuses sur la sottise de ses gens.—« De grâce, madame, ne vous fâchez pas, lui dit-elle; il faut du moins pardonner à des laquais qui jouent si à propos avec les noms. — Pas mal du tout, pour un mot de province, dit un jeune homme en s'approchant d'un groupe qui se formait au milieu du salon, et dans lequel on commençait à passer en revue la nouvelle arrivée. — Savez-vous qu'elle est bien! — Une taille charmante, un maintien presque assuré. — Une parure élégante. — Oui; et qui eût été de très-bon goût du temps du roi Stanislas.... » Tout injuste qu'elle était, cette observation maligne, commentée à voix basse, finit par prévaloir, et devint le texte d'un éloge ironique de l'ancienne cour de Lunéville, dont la tradition paraissait ne pas être perdue. On voulut avoir sur ce point l'avis de madame de Bodlosquet. Quelque adroitement que la question fût faite, la jeune dame s'était aperçue de l'intention qui l'avait dictée.

« Je ne puis guère, répondit-elle, m'appuyer, pour avoir une opinion à cet égard, que sur les souvenirs de ma bisaïeule, ou sur les rapports de la respectable tante de madame de Mérange; mais, si je dois en croire les uns et les autres, la cour du bon roi Stanislas offrait un modèle dont il faut désespérer de revoir jamais la copie : les femmes y étaient belles, spirituelles et indulgentes; les jeunes gens, d'une exquise politesse, savaient s'y contraindre sans contraindre les autres, et s'étaient guéris d'un penchant au persiflage auquel ils étaient enclins, depuis que madame de Boufflers avait comparé les persifleurs à ces vilains petits sauvages des bords de l'Orénoque, qui soufflent de petites aiguilles empoisonnées au nez de ceux qui les approchent. » Cette répartie, à laquelle applaudirent ceux mêmes qui l'avaient provoquée, commençait à rompre la ligue, et fut pour madame de Mérange un avertissement de changer bien vite le terrain d'attaque.

On parla de faire de la musique. On était instruit que madame de Bodlosquet chantait à ravir, et l'on espérait bien qu'elle ne se refuserait pas au désir qu'on avait de l'entendre : elle s'en défendit d'abord avec une modestie pleine de charmes, qu'elle appelait elle-même un orgueil bien entendu ; « elle savait à quel degré de perfection l'art du chant était poussé à Paris, et il y aurai de la cruauté à exiger d'elle qu'elle compromît sa petite réputation devant une pareille assemblée. » Madame de Mérange l'assura qu'elle aurait affaire à des juges d'autant plus indulgens qu'ils n'étaient eux-mêmes que de simples amateurs. L'on insista pour l'entendre avec d'autant plus d'ardeur qu'elle paraissait plus timide ; elle finit par consentir à faire sa partie dans quelque morceau d'ensemble bien facile.

On courut au piano ; et, sans la consulter, on ouvrit devant elle une partition de

Rossini, en lui indiquant la partie si difficile du soprano dans le quatuor de la *Donna del Lago*. — « Je chante ordinairement le second dessus (dit madame de Bodlosquet en pliant les feuilles de la partition pour les retourner plus facilement), et ce n'est qu'au refus de ces dames que je me chargerai de la première partie, où se trouvent deux ou trois notes un peu hautes pour ma voix. » — Chacun se regardait avec étonnement. Pendant la ritournelle un peu longue du morceau, elle en dirigea le mouvement sans affectation, en l'indiquant du doigt sur le bord du piano, où sa main était appuyée. Les premières mesures de récitatif qu'elle chanta de la manière la plus ferme et la plus pure excitèrent dans l'assemblée une rumeur, où la surprise avait encore plus de part que l'approbation; mais bientôt ce dernier sentiment fit place à l'admiration la plus vive, lorsqu'on entendit la petite provinciale attaquer en se jouant les plus grandes difficultés, multiplier et varier les agrémens sans nuire au charme de l'expression, et mériter enfin que plusieurs étrangers demandassent à leurs voisins si ce n'était pas madame Pasta qui chantait. Étrangère à toute autre impression qu'à celle de la musique, madame de Bodlosquet, qui paraissait s'intéresser bien davantage au succès général de l'admirable quatuor qu'à l'effet isolé qu'elle pouvait y produire, suivait de l'oreille et des yeux toutes les parties, suppléait à la rentrée du concertant en retard, remettait dans le ton, sans qu'on s'en aperçût, celui qui s'en était écarté, et porta l'enthousiasme au comble par la chaleur entraînante qu'elle imprima au *stretto*, où sa voix dominait plus encore par la justesse de la mélodie que par la puissance des sons.

Madame de Bodlosquet fut reconduite à sa

place au milieu des transports d'applaudissemens qu'elle avait excités; son triomphe fut complet, et il est juste de dire que ses rivales, et particulièrement madame de Mérange, s'y prêtaient avec une grâce parfaite. Cependant une jeune dame connue pour la supériorité de sa danse, et qui tenait à trouver sur ce point important la provinciale en défaut, s'arrangea pour improviser un petit bal au piano et se plaça vis-à-vis madame de Bodlosquet qui se fit d'autant moins prier qu'elle convenait d'aimer beaucoup la danse.

Autre surprise, autre succès; la dame de Lunéville dansait à ravir, et, qui plus est, savait toutes les figures les plus modernes: il se trouva même qu'elle seule était en état de conduire le *Cotillon*.

La danse cessa et l'on plaça des tables de jeu: cette fois l'aimable Lorraine fut obligée de convenir qu'elle n'avait jamais touché de cartes de sa vie, et ne parut pas du tout humiliée de son ignorance. Quand madame de Mérange eut formé les parties, elle s'approcha de madame de Bodlosquet; quelques hommes, au nombre desquels je me trouvais, se réunirent autour d'elle, et il s'établit dans ce petit cercle une conversation dont je crois avoir retenu les traits principaux.

« Vous ne jouez pas, lui dit madame de Mérange, en s'asseyant près d'elle, vous devez nécessairement vous ennuyer beaucoup dans une ville de province, où vos talens mêmes ne servent qu'à vous isoler davantage du reste de la société. »

« Mais, pardonnez-moi; si l'on peut appeler talent à Paris le peu que je sais en musique et en peinture, nous avons à Lunéville plusieurs familles où l'on aime les beaux-arts, et où on les cultive avec quelque succès. Dans le monde où je vis, par exemple, et dont la maison de madame votre tante est le point de réunion le plus habituel, je pourrais vous citer cinq ou six personnes à qui les partitions des grands maîtres de l'Italie, de la France et de l'Allemagne ne sont point étrangères, et avec qui nous faisons de la musique une fois par semaine. — Et les autres jours? — Nous dessinons, nous brodons, nous causons. — De quoi peut-on causer à Lunéville? C'est ce que je voudrais savoir (interrompit un vieux fat que vous reconnaîtrez à cette question). — Eh bien, monsieur, reprit madame de Bodlosquet avec un sourire moqueur; nous jasons, si vous croyez qu'on ne puisse causer qu'à Paris. — Pardon, madame, ajouta-t-il plus follement encore, à en juger par vous je vois qu'on peut trouver à qui parler dans votre endroit; mais, d'honneur, je ne sais pas ce qu'on peut faire ou dire à Lunéville depuis la suppression de l'école militaire des cadets gentilshommes où j'ai été élevé, par parenthèse. — Peut-être, monsieur le baron, la suppression de l'école des cadets n'a-t-elle pas eu pour notre ville d'aussi graves inconvéniens que vous paraissez le croire ; toujours est-il certain qu'on y vit d'une manière très-tolérable, qu'on y rencontre des hommes de très-bonne compagnie, des vieillards très-estimables et très-spirituels, qui n'y regrettent pas du tout l'école des cadets où vous avez été élevé. » Le baron ne fut pas du tout fâché qu'on vînt en ce moment lui offrir une carte de wisk qui lui donnait l'occasion de se tirer du mauvais pas où il s'était engagé, et dont l'avertissait l'éclat de rire qui l'accompagna dans sa retraite.

« Je ne prétends pas justifier, du moins dans sa forme, la question que le baron vous adressait assez maladroitement; mais, continua madame de Mérange, j'avoue que j'ai de la peine à concevoir que dans tout l'éclat de la jeunesse, des talens et de la beauté, on puisse s'habituer à cette vie monotone et végétative de la province ; j'ai besoin, pour cela, que vous acheviez de me révéler votre secret, en me donnant une idée de la manière dont vous passez votre temps. — Comme vous, mesdames, à aimer, à sentir, et à chercher à plaire, avec cette seule différence que nous trouvons dans nos habitudes des plaisirs, sinon plus vifs, du moins plus durables que ceux dont vous placez la source dans le mouvement et dans la variété. Sans vouloir m'offrir en rien pour modèle, j'userai de la permission que vous m'avez donnée de me prendre un moment pour exemple. Je suis mariée depuis quatre ans, et je vous dirai bien bas, de peur d'être entendue du ci-devant cadet-gentilhomme, que j'aime mon mari, et que je crois en être aimée avec passion. Vous voyez que voilà déjà quelques heures de la journée sur lesquelles l'ennui ne saurait avoir de prise. J'ai deux enfans ; je ne cher-

cherai point une expression pour vous donner une idée de l'affection que je leur porte, et dont je m'accuse; car l'idolâtrie est un défaut. Leur éducation (que je commence au berceau, suivant le précepte du philosophe de Genève) occupe délicieusement ma matinée. J'ai pour compagne, et pour amie, une parente de mon mari, de quelques années plus âgée que moi. Si je voulais vous exprimer la nature et la force du sentiment qui nous unit, je serais réduite à la définition de Montaigne : *C'est parce que c'est elle, c'est parce que c'est moi.* Nous nous voyons tous les jours, et il est rare que nous ne fassions pas, de trois à quatre heures, une promenade à laquelle nous donnons toujours le même but, ce qui ne nous empêche pas d'y trouver le même plaisir. Notre fortune nous permet d'avoir chaque jour cinq ou six personnes étrangères à notre table, et il n'est pas un de ces convives habituels, d'âge et de sexe différent, qui ne concoure à l'agrément de nos petits dîners. Bon ou mauvais, nous allons chaque soir au spectacle, quand il ouvre à Lunéville, et de là nous allons achever la soirée, qui se prolonge rarement plus tard que minuit, chez la personne de la société qui reçoit ce jour-là. Dans ces assemblées du soir, dont la conversation, la musique et la lecture font les frais tour à tour, nous nous sommes volontairement privés de deux moyens de distraction, dont les avantages ne nous ont pas paru compenser les inconvéniens : on ne médit pas, et on ne parle pas de politique. Telle est la vie que nous menons à Lunéville, et à laquelle on finit, je vous assure, par trouver quelques douceurs, pour peu qu'on se résigne à vivre dans une petite société où chacun, averti par Duclos, apporte de la politesse sans fausseté, de la franchise sans rudesse, de la complaisance sans flatterie, et des égards sans contrainte. »

Que vous dirai-je, mon ami! la petite provinciale fit événement chez madame de Mérange; on quitta les tables de jeu pour l'écouter, et elle eut la gloire de convaincre ces dames qu'on pouvait à la rigueur trouver en province des femmes qui ne fussent pas tout-à-fait déplacées dans les plus brillans salons de Paris. E. J.

N°. XXXV. — 30 *août* 1824.

TRENTE-CINQUIÈME LETTRE.

LE DONJON DE VINCENNES.

> La tour du Bois de Vincennes
> Sur tours neufves et anciennes
> A le prix : or saurez en ça,
> Qui la parfit et commença.
>
> (*Inscription de 1337.*)

CETTE guerre littéraire, qui a pour champ de bataille un ou deux feuilletons, et pour spectateurs de bonne foi quelques oisifs et quelques Aramintes, la guerre ridicule et puérile du genre romantique et du genre classique n'est rien auprès d'une discussion de même importance qui s'est élevée en Angleterre depuis quelques années. Ces romantiques dont les images échevelées décorent aujourd'hui tant de brochures et tant d'almanachs, qui prêchent en style ossianique les doctrines du vague, c'est-à-dire, de l'extravagant, messieurs tels et tels, pour ne pas les appeler par leurs noms, ne sont que des pygmées comparés aux géans de même race qui ont dernièrement soutenu, dans les journaux britanniques, les doctrines de la *poésie naturelle* : tel est le titre mystico-romantico-absurde adopté par cette nouvelle secte, devant laquelle nos petits bons-hommes doivent baisser pavillon.

Cette école singulière, qui avait pour ennemis déclarés les trois plus grands écrivains vivans des trois royaumes, Byron, Moore et Walter Scott, a trouvé, comme de raison, des partisans fanatiques dans les seconds et les troisièmes rangs de l'armée plumitive : la médiocrité n'a rien de mieux à faire que de se réfugier dans les nuages; l'obscurité est aussi un asile.

Les principaux dogmes de cette littérature réformée, ou plutôt déformée, sont que, dans la nature, tout est *voétique;* que rien n'est défendu au génie; qu'un tableau vrai de la croissance d'un champignon sur une couche du plus vil fumier, peut être le sujet d'un *carmen seculare;* que la larme d'un âne piqué par un thon peut faire le sujet d'un poëme épique tout aussi-bien que la *colère d'Achille*, l'*orgueil des anges rebelles* ou la *conquête de Jérusalem;* que le véritable sublime ne se trouve qu'à la halle ou aux Petites-Maisons; que Pope n'est point éloquent si vous comparez les plus beaux vers de l'*Essai sur l'homme* aux communes invectives, aux vives apostrophes dont retentit chaque jour le marché aux poissons ou le gaillard d'avant d'un vaisseau à trois ponts : on voit que MM. Southey, Coleridge et Montgommery, inventeurs de *la nature poétique*, laissent bien loin derrière eux les pâles imitateurs du barde écossais. L'Angleterre a vu éclore des poëmes que la France attend encore, et dont le titre seul peut donner un délicieux avant-gout. Gloire éternelle, des deux côtés du détroit, aux auteurs de la BOURIQUE EXPIRANTE : de la CONVERSATION D'UN TONNERRE ET D'UN ÉCLAIR : d'un LUNATIQUE EN POINTE DE VIN : et de l'IDIOT DANS SA GLOIRE.

Un des plus jeunes adeptes de la *nature poétique*, M. Marsdell, dont l'imagination brillante égare un beau talent dans ces routes sauvages, habite actuellement Paris, et dans nos fréquentes relations je cherche à le ramener dans la bonne voie où il ne pourrait manquer de faire son chemin : je ne cesse de lui répéter qu'il abuse d'un don précieux ; qu'on dégrade l'imagination faute de savoir apprécier le mérite du bon sens ; que la plupart du temps cette imagination n'est qu'un vernis qui sert à cacher les défauts d'un tableau que le simple jugement saisit d'un coup d'œil et corrige d'un seul trait ; que cette faculté de l'esprit finit trop souvent par avilir le cœur, et que ses excès, source de ridicules, ne sont point suffisamment rachetés par quelques beaux vers, ni même par les passages les plus brillans.

J'avais ramené la conversation sur ce sujet dans une de nos promenades à Vincennes, où je le voyais de temps en temps s'arrêter pour prendre des notes. « Je parierais, lui dis-je, que vous méditez un poëme romantique dont ce château sera le théâtre ? — Il est à peu près achevé, me répondit-il. — Vous auriez pu vous éviter les frais d'invention, continuai-je, en commençant par étudier l'histoire de cette forteresse si riche en souvenirs. — Je la sais, reprit-il, dans ses moindres détails; » et comme je paraissais en douter : « Chez nous, reprit-il, l'imagination ressemble à des décorations de théâtre qui se déplacent à volonté. Rien de plus positif qu'un écrivain anglais qui consent à se rapprocher de la terre ; il retire son imagination comme on fait reculer un châssis de coulisse ; et le poëte le plus naturel de la Grande-Bretagne devient tout à coup aussi prosaïque et aussi sec qu'un de nos commis de la douane ou un de vos agens de change. Mon esprit est un peu de cette nature, et, pour vous en donner la preuve, je vais, si vous voulez, vous faire en style de chronique qui plaît tant à M. de Barante, l'histoire de ce vieux château. » — Je le mis au défi, et voici ce qu'il me débita tout d'une haleine.

« Ce hameau, qui s'appela d'abord la *Pissote* (dénomination qui appartient essentiellement à la *poésie naturelle*), prit, vers le milieu du neuvième siècle, le nom de Vilcena, lequel appartenait à la forêt royale où il était situé. La chasse y était bonne, et *Philippe-le-Bel*, qui aimait cet exercice, y bâtit un petit *manoir* royal (*regale manerium*) où, par la suite, le bon roi Louis IX fit son séjour de prédilection. Depuis cette époque jusqu'à celle où régna Philippe, on vit tous les rois de France naître et mourir dans le *regale manerium* de Vilcena.

» Ce dernier prince y avait jeté sur le même emplacement les premières assises d'un château-fort que son fils eût la gloire d'achever.

» Vers 1260, on força les habitans du hameau à faire eux-mêmes la garde du parc en *manteaux de gros drap auquel le chaperon tenait*. (Voilà du positif, j'espère.)

» Charles V assembla un concile à Vincennes, et y bâtit une sainte chapelle. Le galant Charles VII et le fourbe Louis XI continuèrent à s'y loger ; mais depuis la mort de cet odieux monarque jusqu'à Charles IX ce palais fut désert. L'auteur de la Saint-Barthélemy allait quelquefois y chercher d'affreuses inspirations ; il voulut y mourir.

» Depuis ce temps, Vincennes fut transformée en prison d'état : le père du grand Condé y fut enfermé ; le maréchal d'Ornano y périt de mort violente ; le duc et le prieur de Vendôme y firent un assez long séjour ; et, ce qui rentre dans le genre romantique, c'est-à-dire incroyable, c'est que les rois de France jusqu'à Louis XIV inclusivement ne cessèrent pas de faire leur maison de plaisance de cette prison d'état. Louis XIII et Marie de Médicis l'embellirent, et le cardinal Mazarin y venait souvent en partie fine, après y avoir établi une chambre de justice pour juger les empoisonneurs.

» Depuis cette époque, Vincennes, abandonné des rois, ne retentit plus que des plaintes étouffées des malheureux qu'on y enfermait.

» Détruit en partie au commencement de la révolution, ce château fut rendu à son ancienne destination sous l'empire. Le dernier rejeton de l'illustre maison de Condé, le duc d'Enghien, y périt victime d'une politique atroce. La courageuse résistance du général Dauménil, qui, dans les deux invasions, refusa avec une si noble opiniâtreté de rendre cette forteresse à l'ennemi, est le dernier trait qui signale ce vieux monument à l'attention de l'historien. »

Mon jeune Anglais ne reçut pas les complimens que je lui fis sur la fidélité de sa mémoire, et voulut me prouver que c'était dégrader l'histoire, que de la réduire ainsi à la simple narration des vieux chroniqueurs.

« Qu'ai-je besoin, me dit-il, de retenir des dates, d'apprendre une foule d'événemens sans intérêt, dont vous ne me faites connaître ni les causes, ni les résultats? point d'instruction sans rapprochement, point d'histoire sans philosophie. »

Quelques jours s'étaient passés depuis notre pèlerinage à Vincennes, et j'étais étonné de n'avoir pas revu mon jeune Anglais; je craignais de l'avoir blessé par mes objections contre le système littéraire qu'il avait embrassé avec tout l'enthousiasme de la jeunesse. J'allai le trouver chez lui, et je le trouvai renfermé dans le cabinet le plus sombre du somptueux logement qu'il occupe dans la rue de la Paix. Il mettait la dernière main au poëme dont il m'avait parlé; je lui témoignai le désir d'en entendre la lecture; il ne se fit point prier, et poussa la complaisance jusqu'à me permettre d'en traduire quelques fragmens, sans m'imposer la condition de lui garder le secret. C'est un monument précieux de la nouvelle école littéraire, où vous trouverez les vestiges de presque tous les défauts et de quelques-unes des beautés qui la signalent.

Les ruines de Vincennes.

« Quel est, demande le voyageur, ce pompeux amas de ruines? — Ce fut Vincennes. Le daim léger, la biche timide se réfugient entre les décombres de ce palais de la vengeance, où le pouvoir entassait jadis ses victimes. — A travers les meurtrières de cette tourelle dégradée, la seule qui subsiste encore, je vois passer une faible lueur; qui peut habiter un pareil séjour? — Un homme, sans commerce avec ses semblables, un nécroman, que l'on craint d'approcher, et qui ne se montre jamais à la clarté du jour. »

Cependant le jeune voyageur traverse avec peine les ruines amoncelées sur le sol, il s'élève de débris en débris jusqu'à l'ouverture qui servait d'entrée à la tourelle, et ne craint pas d'aller s'asseoir au foyer du vieillard, dont l'aspect l'étonne sans l'effrayer.

Un vaste rideau rouge occupait le fond d'une salle voûtée, qu'éclairait à peine la flamme violette qui s'élevait d'un bassin de cuivre enchâssé dans la muraille.

« Jeune homme, lui dit le solitaire, je sais ce qui t'amène, et je ne punirai pas ta curiosité courageuse ; je consens même à prévenir tes questions. Cette draperie sur laquelle tes yeux s'arrêtent avec inquiétude, est le linceul qui me dérobe le passé ; je le soulève quand je veux m'en donner le spectacle, et tous les anciens habitans de ce donjon, où j'ai fixé mon séjour, reparaissent à ma voix. » Un léger sourire où se peignait l'incrédulité du voyageur, glissa sur ses lèvres. — « Le doute est le commencement de la sagesse, continua le vieillard, mais il n'en est pas le terme.... Lève ce voile... » Le jeune homme l'écarta d'une main tremblante, et cette même salle où il se trouvait s'offrit à ses yeux telle qu'elle était au temps des rois qui ont habité ce palais. « La décoration est en place, dit alors le magicien, en tournant les feuillets d'un vieux manuscrit, les acteurs vont entrer sur la scène. »

A un signal qu'il donna, en frappant sur un tambour d'airain, Louis XI s'avança, porté sur un chariot armé de faux tranchantes, et chargé d'instrumens de supplice; Olivier le Dain tenait les rênes, et le monarque s'écriait en baisant une image de Notre-Dame d'Embrun : « Aux oubliettes! aux oubliettes!... Compère Tristan, qu'on ouvre les trappes, et que j'entende leurs gémissemens!... Bien! bien!... Les poltrons, comme ils crient, comme ils souffrent!... Gloire à Notre-Dame d'Embrun! »

Charles IX parut ensuite; il était étendu sur un lit de cadavres, et ses yeux étaient attachés sur le spectre de Coligny, qui lui montrait sa blessure : « Grâce! disait-il, je brûle, j'ai froid, je sue; mais cette sueur... c'est du sang!... Donnez-moi, donnez-moi mon arquebuse!... Ma mère.... ma mère!... Effroyable supplice!.... »

A ses cris un homme accourt; sa poitrine est nue, sa chevelure hérissée, son regard terrible, une longue captivité semblait exalter son esprit; c'est Mirabeau : « *Désespère et meurs*, » répétait-il à Charles IX d'une voix tonnante; «*désespère et meurs*, exécrable auteur de la Saint-Barthélemy! Je languis dans les fers, aux lieux où tu expires dans les remords; les souffrances abrégeront ma vie, je mourrai jeune, mais j'aurai vécu quelques jours pour la gloire et la liberté. »

A ce spectacle succéda celui de tous les personnages en robes rouges dont se composèrent les deux conciles tenus à Vincennes au dixième et au treizième siècles. Le nécromancien, qui ne se piquait pas de mettre beaucoup d'ordre dans ses évocations, fit apparaître au milieu de cette grave assemblée les *femmes repentantes* qui furent enfermées dans ce château en 1791. Ce contraste bizarre égaya un moment la scène, et fit place au tableau général des horreurs dont cet affreux donjon fut témoin.

Je ne suivrai pas mon jeune auteur dans la foule des descriptions où il se complaît, et je me borne à citer les dernières paroles que le vieillard adresse au voyageur. « Va redire aux hommes avec qui tu es condamné à vivre, que le passé a été présent pour toi ;

dis-leur de combien de gémissemens
retenti des voûtes élevées par la tyrannie
et combien d'horreurs quatre siècles
vent entasser sur quelques toises de
où la vengeance et le pouvoir rassemb
leurs victimes. » E. J.

N°. XXXVI. — 1er *septembre* 1824.

TRENTE-SIXIÈME LETTRE.

LA LITTÉRATURE ROMANTIQUE.

Avant donc que d'écrire, apprenez à penser.
BOILEAU.

Vous m'avez fait promettre, mon cher ami, de vous entretenir de la littérature romantique; cette promesse était un peu téméraire. Avez-vous pensé à tous les peuples que vous allez me faire courir? Ignorez-vous que les nombreux enthousiastes des nouvelles doctrines nous traitent d'hommes systématiques, de petits esprits, incapables de secouer le joug vulgaire de la raison? Vous m'exposez de gaieté de cœur et à l'inimitié de tous les génies de l'époque, qui se croient destinés à faire oublier Corneille, Racine et Voltaire.

Le sujet est en lui-même important; il est digne de fixer l'attention publique; aussi, je vous avertis d'avance qu'il me serait impossible de le traiter convenablement sans excéder les bornes d'une simple lettre. Je diviserai donc ce sujet en deux parties : dans l'une j'indiquerai les causes des différences qui existent entre les deux genres; j'expliquerai les motifs de la guerre d'extermination déclarée à la littérature française; vous y verrez quelque chose de plus qu'une erreur de jugement, ou un penchant assez naturel à l'indépendance.

Le mépris des règles, la proscription du bon sens, ne sont point une nouveauté. Vers la fin du règne de Louis XIV, des hommes, importunés de l'éclat des talens qui s'étaient formés à l'école des anciens, attaquèrent la saine littérature dans ses principes. Ils cherchèrent à obscurcir ces brillantes renommées que les siècles nous ont transmises, qui ont survécu aux révolutions et à la chute des empires; ils ne craignirent pas même d'insulter cette grande figure d'Homère qui s'élève comme la statue d'un demi-dieu sur la limite la plus reculée de l'antiquité. Mais l'époque du triomphe n'était pas arrivée : cette insurrection de l'ignorance présomptueuse eut peu de succès; les séditieux expirèrent sous les traits du ridicule. Cependant les mêmes tentatives se renouvelèrent plus d'une fois dans le cours du dernier siècle; mais Voltaire avait saisi le sceptre littéraire; il fit constamment respecter les lois du goût.

A cette époque, l'Europe entière rendait un juste hommage aux grands écrivains qui avaient illustré le siècle de Louis XIV et celui de son successeur. En effet, sans parler encore des poëtes dramatiques, quels plus grands maîtres d'éloquence pouvait-on choisir que ce Bossuet, dont la voix puissante semble retentir dans l'éternité? que ce Pascal, détaché de la terre, dont les pensées nous frappent comme des inspirations divines? Plaçons auprès d'eux, sans nous permettre d'assigner les rangs, Fénélon et Massillon, dignes interprètes de la morale religieuse, dignes apôtres de l'humanité; La Fontaine, au-dessus de ses modèles comme de ses imitateurs; et le poëte de la raison qui l'embellit du charme des beaux vers, qui révéla les secrets du génie.

Ces grands hommes avaient eu de légitimes successeurs. Sous les auspices de Fontenelle et de Montesquieu, la littérature pénétrait dans les sciences, éclairait la législation; elle réfléchissait les merveilles du monde visible dans les pages immortelles de Buffon, ou nous transportait avec Rousseau dans ce monde idéal où tout est beau sans cesser d'être vrai, où les passions forment une noble alliance avec la vertu, bien différent de ces régions vaporeuses peuplées de monstres et de fantômes, que les disciples de Perrault, de l'abbé Terrasson et de Lamotte offrent à notre admiration.

La supériorité de nos écrivains classiques n'était point contestée; on ne les regardait point comme de serviles copistes de l'antiquité. La langue française était alors regardée comme l'idiome naturel des hommes instruits, tant elle excelle à peindre les sentimens du cœur avec leurs nuances les plus fugitives; tant elle est propre à donner du relief à la pensée. Adoptée dans les cours, elle semblait destinée à devenir le lien commun de la civilisation européenne, et à rapprocher des peuples qui n'ont besoin que de s'entendre pour s'estimer.

C'était surtout par sa littérature dramatique que la France dominait en Europe. Son théâtre, perfectionné par le goût et par le talent de ses poëtes, ne conservait aucun vestige de la barbarie moderne, et se trouvait d'accord avec les progrès de la société. Cependant chaque nation avait son théâtre. L'Angleterre admirait Shakspeare, génie sublime mais inculte, aussi étonnant par ses défauts que par ses beautés [1]. Lopez de Véga, Caldéron, triomphaient en

[1] Le théâtre de Shakspeare ne doit point être négligé. L'étude de ce poëte, si l'on réduit à leur juste valeur les exagérations de la nouvelle école, ne peut être que profitable. Il a des inspirations de génie, des traits de naturel et de vérité qui offrent une ample matière à la méditation. La traduction, revue par M. Guizot, doit se trouver dans les bibliothéques des amateurs qui n'entendent pas l'original.

Espagne. Les ouvrages de ces trois poëtes convenaient à l'ignorance de la multitude, et ne contrariaient que le goût du petit nombre d'hommes éclairés; leur renommée avait franchi les limites de leur patrie, mais leurs productions ne pouvaient se naturaliser nulle part. La France seule voyait avec orgueil les chefs-d'œuvre qu'elle avait applaudis consacrés par l'admiration de tous les peuples de l'Europe. Des rives du Tage jusqu'aux bords de la Néva, les grandes conceptions de Corneille, l'harmonie céleste de Racine, les accens pathétiques de Voltaire, réunissaient les suffrages; et Molière, peintre fidèle de l'homme qui partout est soumis au pouvoir des passions et des préjugés, Molière était partout dans sa patrie.

A quelle cause devons-nous attribuer cette différence dans le sort du drame français et du drame étranger? L'examen flottent entre la barbarie et la civilisation; offrez à leurs regards des caractères héroïques, des actions dont le mobile soit dans un sentiment énergique, toujours combattu et toujours victorieux; les luttes pénibles des passions aux prises avec l'honneur et le devoir : ce travail secret du cœur humain, source de terreur et de pitié, n'arrivera jamais jusqu'à l'intelligence de ces hommes uniquement attachés aux choses matérielles, et dont toute la force est employée à satisfaire et non à vaincre leurs penchans.

Rassemblez les mêmes spectateurs; offrez-leur des objets uniquement faits pour les yeux, tels, par exemple, qu'une mer orageuse, un naufrage, une île, des magiciens, des matelots ivres, des princes qui s'expriment comme des matelots, un monstre dégoûtant, produit d'une imagination déréglée; enfin, un esprit follet. Mettez de cette question ne vous paraîtra pas sans intérêt.

Les premiers essais dramatiques ont été hasardés chez les peuples modernes lorsqu'ils étaient encore dans l'enfance de leur civilisation. A cette époque, les combinaisons de l'esprit sont bornées ; il n'aperçoit que faiblement les rapports des nations entre elles et de l'homme avec ses semblables, d'où naissent les convenances politiques et sociales qui adoucissent l'aspérité des passions et rendent les mœurs moins féroces. Les individus éprouvent des sensations d'autant plus vives que les sentimens sont moins profonds. Leur imagination mobile reçoit avec avidité toutes les impressions. C'est alors que se répandent les idées superstitieuses, que les erreurs jettent de profondes racines, et préparent de longs efforts à la raison.

Élevez un théâtre chez ces peuples qui

en mouvement tous ces personnages ! Soyez sûr qu'un pareil spectacle charmera un peuple dépourvu de goût et de délicatesse dans les sentimens. Vous l'entendrez se récrier d'admiration ; c'est *la Tempête* de Shakspeare qui aura excité son enthousiasme.

On conçoit donc aisément qu'à leur apparition dans un siècle encore peu éclairé, les tragédies de Shakspeare aient obtenu un grand succès ; mais comment expliquer l'estime dont elles jouissent maintenant en Angleterre? En voici les causes. Parmi les défauts de toute espèce qui défigurent les ouvrages de ce poëte, on remarque des traits de génie, des beautés de l'ordre le plus élevé ; ce sont des éclairs qui frappent plus vivement les yeux, parce qu'ils sillonnent assez fréquemment d'épaisses ténèbres. Il y a une admiration irréfléchie, comme une admiration éclairée ; la première est la source la plus abondante des préjugés et des erreurs ; elle se change aisément en fanatisme, s'empare de toutes les facultés de l'esprit, et passe presque toujours le but qu'elle veut atteindre. C'est un enthousiasme fanatique qui, s'appuyant sur l'orgueil national, protége en Angleterre les productions tragiques de Shakspeare. Le culte de ce poëte a pris naissance à une époque où l'esprit humain était ouvert à toutes les superstitions; ce culte est devenu une religion littéraire qui exige l'obéissance et la foi la plus vive. Les Anglais écriraient volontiers sur le frontispice de leurs théâtres : « Hors de Shakspeare, point de salut. »

Il faut encore observer que cet étonnant poëte n'a été surpassé par aucun de ses successeurs; plusieurs d'entre eux ont imité ses défauts, sans atteindre à ses beautés. Ne soyons donc pas surpris si les catastrophes sanglantes, les merveilleuses péripéties accumulées sans ordre et sans mesure dans les tragédies de Shakspeare; si son langage tantôt surchargé d'images, tantôt d'une excessive familiarité, sont encore admirés et applaudis. La foule des spectateurs de Drury-Lane ou de Covent-Garden ne connaît rien de mieux.

Toutes ces causes réunies expliquent la destinée de Shakspeare. Les mêmes observations s'appliquent en grande partie aux poëtes espagnols. Il en résulte que les théâtres de ces deux nations, admirables pour elles seules, ne peuvent exciter, hors de l'Angleterre et de l'Espagne, qu'un simple sentiment de curiosité.

Les premiers écrivains français qui tentèrent d'élever un théâtre national parurent aussi à une époque qui touchait encore à la barbarie du moyen âge; mais leurs efforts, dépourvus de génie, ne laissèrent après eux que des traces fugitives. Nulle beauté ne demandait grâce pour les vices de leurs compositions. A peine le goût et la raison eurent-ils fait quelques progrès que les Jodelle et les Garnier disparurent de la scène ; et lorsque la merveille du *Cid* réveilla parmi nous le premier sentiment du beau et du vrai, elle trouva des spectateurs préparés à l'accueillir avec une légitime admiration.

Le sentiment des convenances sociales se développait, et les diverses parties des connaissances humaines étaient cultivées avec succès. Corneille et Descartes se levèrent à la même époque comme deux astres lumineux qui devaient éclairer la marche de l'esprit national. Ils remplirent leur destinée. Leur gloire est pareille ; mais les systèmes de l'un ont été remplacés par de nouveaux systèmes qui disparaîtront peut-être à leur tour, tandis que, fondés sur la connaissance de nos devoirs et de nos passions, les chefs-d'œuvre de Corneille ne périront jamais. Il n'y a rien au théâtre de plus beau que Polyeucte, Cinna et les Horaces.

Toutefois, les ouvrages de Corneille offraient quelques-unes de ces aspérités dans le style, de ces inégalités dans les pensées, qui tenaient au caractère de son siècle, époque où l'on n'avait point encore appris à distinguer l'exagération de la vraie grandeur. Corneille ne pouvait être surpassé dans l'invention des plans, l'élévation des caractères, la sublimité des traits héroïques; mais il fut moins heureux dans l'art de peindre les passions et de leur prêter un langage. Racine parut, Racine, toujours pur, toujours harmonieux. Ce fut alors que la scène devint, comme la société perfectionnée, une école de mœurs et de bienséances. Le *Cid*, suivant l'expression d'un critique habile, avait été la première époque du théâtre français; *Andromaque* fut la seconde, et n'eut pas moins d'éclat.

Quel poëte, sans jamais s'écarter de la nature, a su représenter d'une manière plus frappante les mouvemens orageux des passions? Examinons les tragédies de Racine! Les ressorts cachés de l'action sont presque toujours dans le cœur des personnages. C'est là qu'il a placé le théâtre des combats déchirans et pleins d'intérêt dont la représentation extérieure cause des émotions si vives, et fait couler de si douces larmes.

Voltaire vint à son tour, et se fit place entre ces grands maîtres. Ce qui le distingue, c'est une force de raison qui n'exclut ni l'héroïsme de la vertu, ni le charme du sentiment. Ses personnages touchent de plus près à l'humanité que les héros de Corneille, et il fait sortir de leurs situations des leçons de morale fortifiées par toutes les séductions de l'éloquence et de la poésie. Son dessin est moins correct que celui de Racine, son langage moins mélodieux;

mais ses compositions sont plus vastes, ses traits plus larges, ses tableaux plus variés. Il avait suivi les progrès de son siècle, ou plutôt il le devançait. L'étude de la philosophie offrait à son talent des ressources inépuisables. La Melpomène française n'était point encore sortie de l'Europe ; il visita avec elle les plages brûlantes de l'Afrique, les champs heureux de l'Arabie, les bords encore sauvages du Nouveau-Monde. Il ressuscita ces nobles chevaliers français que le sentiment seul de l'honneur sépara de la barbarie de leur siècle ; il les fit paraître sur la scène, brillans d'amour, de gloire et de loyauté. Il découvrit aussi, comme Racine, le secret des passions. Jamais poëte ne descendit plus avant dans le cœur humain, et ne fit entendre de plus pathétiques accens.

Tels sont les maîtres de la tragédie française. S'ils parvinrent à un degré si éminent de supériorité, c'est qu'en obéissant à leur génie, ils recevaient les inspirations d'un siècle avancé dans tous les arts de la civilisation.

Si Molière, à qui on ne peut rien comparer, éleva si haut la scène comique, c'est qu'avec le même génie, il se trouva placé dans la même situation que Corneille, Racine et Voltaire. Ainsi, en revenant à la question, il est évident que le théâtre français convient à tous les peuples dont la raison est cultivée, parce qu'il a été fondé et perfectionné dans un siècle de lumières; et si le théâtre anglais, si le théâtre espagnol, malgré les efforts de leurs apologistes, ne peuvent prétendre au même succès, c'est qu'ils sont le produit d'une nature brute, d'une civilisation mêlée de barbarie.

A l'époque où la supériorité de la langue et de la littérature française n'était point contestée, notre gloire militaire se trouvait compromise ; elle ne vivait que dans les souvenirs de l'histoire. Le grand Condé, Turenne, Luxembourg, Villars et Catinat n'avaient point laissé de successeurs; Maurice de Saxe était étranger. La France ne devait le rang distingué qu'elle occupait encore dans l'opinion qu'aux progrès des sciences et à l'immense renommée de ses écrivains. Voltaire, Montesquieu, Rousseau, Buffon, régnaient sur une littérature qui elle-même régnait en Europe.

Cet état de choses a duré près d'un demi-siècle. Mais lorsqu'à la suite d'une révolution, féconde en catastrophes, les exploits merveilleux des armées françaises eurent porté la gloire nationale jusqu'aux bornes du monde; lorsque l'aigle de l'empire se fut reposé sur toutes les capitales du continent européen, un sentiment de haine et de jalousie agita les nations étrangères. C'était trop à la fois que de dominer par la gloire des armes et par celle des lettres. Au moment où les rois se liguaient contre la prépondérance militaire de la France, une coalition d'un nouveau genre se formait en Allemagne et en Angleterre contre sa domination littéraire. On résolut surtout d'attaquer son théâtre, de détrôner les monarques de la scène, de partager leurs dépouilles entre Shakspeare et Caldéron. M. W. Schlegel, littérateur allemand, renommé pour la variété et l'étendue de ses connaissances, fut placé à la tête de cette croisade, et publia son manifeste en trois volumes, sous le titre de *Cours de littérature dramatique*. Une femme justement célèbre par les dons du génie et la noblesse du caractère, madame de Staël, transfuge de la littérature française qu'elle avait enrichie de bons ouvrages, se rangea sous la bannière romantique. Entraînée par une brillante imagination, ou trop accessible aux séductions de la nouveauté, elle employa la force d'un grand talent à répandre de fausses doctrines; infidèle au culte des divinités de la patrie, elle se prosterna devant les idoles gothiques de l'étranger.

Il fallait un point de ralliement, un mot d'ordre aux adeptes du Nord. Notre littérature est classique; celle dont ils veulent établir la prééminence a reçu le nom de romantique : c'est ainsi qu'elle est désignée dans le manifeste de M. Schlegel, et cette désignation est aujourd'hui généralement adoptée. L'ouvrage de M. Schlegel ne manque, au premier coup d'œil, ni de mesure ni d'adresse. Il consent à accorder quelque mérite à nos grands poëtes tragiques, parce qu'il espère leur opposer avec avantage Caldéron et Shakspeare; mais où trouver un rival de Molière? Le désespoir de balancer une telle renommée a jeté le censeur germanique hors des limites du bon sens. Il traite Molière avec une extrême arrogance; c'était un esprit étroit et superficiel, dont les conceptions bornées font pitié. Son théâtre est destiné à l'oubli : le *Tartuffe*, si vanté, le *Misanthrope*, les *Femmes savantes*, ne sont pas même des comédies; il n'y a rien au-dessous de ces prétendus chefs-d'œuvre.

Voulez-vous un modèle de vraie comédie? Lisez les *Commères de Windsor* du divin Shakspeare! M. Schlegel vous apprendra que ce poëte avait pour principe de ne jamais se borner à l'imitation d'un *monde prosaïque*, et qu'au moyen de quelque ornement plus relevé, il a fait, dans tous ses ouvrages, la part de l'imagination. « Il anima, dit encore M. Schlegel, il anima la fin de cette pièce par un mélange de merveilleux, qui était particulièrement bien placé dans le lieu où elle fut représentée. Une superstition populaire fournit ici l'occasion d'une mystification fantastique dont Falstaff est l'objet. On lui persuade d'attendre sa maîtresse, vêtu de manière à être pris pour l'ombre d'un chasseur qui, suivant une tradition populaire, erre dans la forêt de Windsor, coiffé de cornes de cerf. Il est surpris dans ce costume par un chœur de jeunes filles et de jeunes garçons déguisés en sylphes, qui exécutent leurs danses nocturnes, et tourmentent l'infortuné Falstaff par de très-jolies chansons. Cette jonglerie est le dernier tour qu'on lui joue, et le dénoûment de la seconde intrigue d'amour s'y trouve lié d'une manière très-ingénieuse [1]. »

Voilà le dénoûment d'une bonne comédie. Quel dommage que Molière se soit borné à l'imitation d'un monde prosaïque! pourquoi ne voyons-nous pas sur la scène fran-

---

[1] *Cours de littérature dramatique*, t. III, p. 113.

çaise des hommes coiffés de cornes de cerf, qu'on tourmenterait par de jolies chansons? L'intérêt d'un pareil spectacle nous ferait oublier tout ce que nous avons admiré jusqu'aujourd'hui.

Mais quel est donc ce Falstaff, si célèbre sur la scène anglaise? Écoutez encore M. Schlegel. « C'est, dit-il, le caractère le plus éminemment comique qu'ait créé l'imagination fertile de Shakspeare. Falstaff est le mauvais sujet le plus agréable et le plus amusant qui ait jamais existé. Ce qu'il a de méprisable n'est pas déguisé. Il est vieux et il n'en est pas moins sensuel; il est d'une énorme corpulence, et on le voit sans cesse occupé à pourvoir sa grosse personne de tout ce qui peut la restaurer. Toujours endetté, et peu scrupuleux sur le moyen de se procurer de l'argent; poltron, babillard, fanfaron et menteur [1]. »

---

[1] *Cours de littérature dramatique*, t. III.

Nous sommes sans doute bien à plaindre de préférer les caractères tracés par Molière, à ce héros de taverne et de mauvais lieux, à ce Falstaff si éminemment comique! Quel plaisir ne goûterions-nous pas à le voir sur la scène, avide de restaurer sa grosse personne, nous charmant par des tours d'escroc et des propos de corps-de-garde! Voilà donc ce naturel par excellence, ce monde poétique dont tant de merveilles nous sont racontées! et c'est pour accréditer de pareilles bouffonneries, indignes des plus vils tréteaux, que des hommes d'esprit ne dédaignent point de hasarder leur talent et leur renommée!

Le plus grand reproche qu'on adresse à nos écrivains dramatiques, c'est d'imiter les anciens, et de s'asservir aux règles des trois unités. Un tel reproche prouve une littérature bien légère. On confond l'admission d'une forme avec l'adoption d'une manière; et, toutefois, rien n'est plus différent. Les formes du théâtre grec ont été reçues en France, non d'après l'autorité des anciens, mais d'après celle de la raison. C'est la raison qui nous apprend qu'une action simple, se développant avec plus de facilité, est aussi plus propre à fixer l'attention et l'intérêt, qu'une multiplicité d'actions incohérentes et d'incidens qui ne produisent aucun résultat. Si nous exigeons que le poëte dramatique ne transporte pas la scène d'un pays dans un autre, et ne nous fasse pas parcourir en deux heures les quatre parties du monde, c'est parce qu'il n'y a point d'intérêt sans vraisemblance. La règle du temps est fondée sur le même principe. Nous n'aimons pas à voir un personnage

« Enfant au premier acte, et barbon au dernier. »

Mais ce n'est point d'après la recommandation d'Aristote et d'Horace que l'usage de notre théâtre a consacré ces règles; c'est uniquement parce qu'il n'y a rien « de beau que le vrai, que le vrai seul est aimable. »

Il suffit d'une connaissance superficielle du théâtre grec pour savoir que le système dramatique des anciens était fondé sur des traditions religieuses et le dogme de la fatalité. Les personnages de leurs tragédies, soumis à une invincible destinée, marchaient au crime, comme une victime des lois à l'échafaud; et leurs actions étaient, jusqu'à un certain point, dépourvues de moralité.

Les Français ont osé les premiers animer la scène par la lutte des passions; ils ont admis l'autorité, souvent contestée, de la vertu. Un tel système ne pouvait réussir que chez les peuples dont les dogmes religieux repoussent le fatalisme, et donnent une sanction divine aux préceptes de la morale; mais il fallait une sagacité peu commune pour saisir cette vérité, pour découvrir les rapports qui doivent exister entre les principes de l'action dramatique et les opinions des spectateurs ; harmonie qui seule peut soutenir l'existence du théâtre, et en faire une institution nationale. Nos grands poëtes eurent cette gloire ; ils sentirent ce qui convenait à un peuple qui tendait vers la perfection à l'aide d'une morale épurée. Sentir ainsi, c'est créer, c'est envisager l'art du théâtre du point de vue le plus élevé; c'est le seul moyen d'atteindre au beau idéal, de séparer l'imagination des idées vulgaires et de la vie commune.

Je m'aperçois que je me laisse entraîner par mon sujet, et que j'entre dans des discussions que je n'avais pas prévues. Il est temps de vous laisser reposer, et de reprendre moi-même haleine. Dans ma prochaine lettre, je mettrai en présence Shakspeare et Racine; c'est le plus sûr moyen d'éclairer la question. Recommandez-moi au dieu du goût; j'aurai besoin de son aide et de ses inspirations. A. J.

N°. XXXVII. — 3 *septembre* 1824.

TRENTE-SEPTIÈME LETTRE.

LA STATUE DE PASQUIN.

Deus ne ?
HORACE.
En ferai-je un dieu ?

LA STATUE.

Que fais-tu à mes pieds, vieillard ?

LE VIEILLARD.

Je suis un ancien courtisan ; la révolution m'a chassé de mon pays. Je me traîne devant toi : N'es-tu pas une idole ?

LA STATUE.

J'entends; tu rampes par habitude. Mais cesse de te prosterner, crois-moi; je n'ai de pouvoir que celui d'un peu de malice. Je suis Pasquin, la terreur des papes, et l'éditeur des bons mots des Romains d'aujourd'hui.

LE VIEILLARD.

O Pasquin! publie donc mes malheurs, et fais un acte de bienfaisance. J'avais deux carrosses, et je n'ai plus même les moyens d'aller à pied. Jadis madame de Pompadour recevait chez elle l'abbé Dorimont, aujourd'hui une pauvre femme de Transteverins le loge pour deux oboles; j'étais le prestolet le plus galant de la cour, et tu vois dans quel état le sort m'a réduit.

PASQUIN.

Mon cher abbé, ainsi va le monde; subis-en les vicissitudes; moi, Pasquin, qui te parles, j'en ai éprouvé de plus grandes que toi.

LE VIEILLARD.

Que moi?.. né dans de nobles langes, élevé au château de la Gaillarde, devenu l'un des aides de mon oncle, maître-queux du palais? N'ai-je pas été porté par les caprices de la fortune au faîte de la faveur; n'ai-je pas hérité du jeune Richelieu l'amour lucratif de l'une des antiquités les plus riches de toute la cour? Ne m'a-t-on pas vu, attaché à Meaupou et à Calonne, devenir le bras droit de ces ministres? Ma vocation pour les ordres se décidant tout à coup, n'ai-je pas accaparé trois bénéfices? voilà de quelle hauteur la révolution m'a précipité!

PASQUIN.

Ne te plains pas, vieillard; et prête à ton

tour l'oreille à mon histoire : « J'étais bloc de marbre dans une des îles de l'Archipel quand un jeune homme qui voulait faire sa réputation s'empara de moi. Après avoir long-temps réfléchi à l'usage auquel il devait m'appliquer; après avoir long-temps consulté pour savoir si je serais *dieu*, *table* ou *cuvette*, un soir, dans un moment d'exaltation qu'un excellent vin de Chio rendait plus vif et plus fécond, il saisit le ciseau et me dit : « *Tu seras Minerve.* »

LE VIEILLARD.

Toi, prêcher la sagesse! toi, bloc informe de pierre, représenter Pallas!

PASQUIN.

Pourquoi non? N'as-tu pas été jadis un petit abbé coquet? Jette les yeux sur les lambeaux qui te couvrent, et ne ris point de ma misère. Je fus donc sculpté en Minerve, et les fragmens échappés au ciseau paternel furent ensuite façonnés en coupes, en urnes, en lampes. Seul noble de la famille, je fus placé sur un piédestal, et exposé à l'adoration des hommes.

LE VIEILLARD.

Et les fous te rendaient hommages.

PASQUIN.

Dis-moi, vieillard, quels fous composaient ta petite cour lorsque tu avais l'oreille des ministres; pour moi, j'étais un modèle de beauté : les plus heureuses formes signalaient ma statue à l'admiration des artistes.

LE VIEILLARD.

J'étais assez laid, mais j'avais de la gentillesse, et personne au chapitre de Lyon ne savait mieux que moi faire danser un pantin, et broder au tambour.

PASQUIN.

Ridicules supériorités! La mienne, celle de la beauté et de la grâce, dura deux cents ans. Déjà les couronnes de fleurs suspendues à mes pieds s'y renouvelaient moins souvent; déjà la main du temps m'avait noircie quand les Romains m'entraînèrent au Capitole, d'où bientôt le grand nombre des divinités me chassa. Un consul de fort mauvaises mœurs m'acheta sur la place publique, et, relégué dans un atrium, j'asistai à ses festins et à ses orgies.

LE VIEILLARD.

Te voilà *maître-queux* à ton tour.

PASQUIN.

Mutilé bientôt par les jeunes fous qu'il rassemblait chez lui, je fus ensuite le jouet d'un de ces artistes à tête écervelée, qui aiment les tables des riches et qui dévorent le bien des gens qu'ils flattent. Il me reçut en cadeau de mon maître, et je devins pour lui un modèle. Il me couvrit de draperies grotesques; il ajouta à ma beauté naturelle des attributs grossiers ou ridicules.

LE VIEILLARD.

Ta fortune est faite, te voilà devenu bouffon.

PASQUIN.

Pas encore : après avoir servi tous les caprices de l'artiste, je trouvai la religion chrétienne établie. Ainsi ma puissance était déchue : Minerve n'était plus rien sous le nouveau régime.

LE VIEILLARD.

C'est mon histoire toute entière.

PASQUIN.

Mais sous tous les régimes il faut des idoles : de déesse on me fit sainte. J'étais noire, fracassée; j'en ressemblais davantage à une martyre. Un cierge fut placé dans une de mes mains, une palme chargea l'autre; je fus encore adorée. Je m'ennuyais un peu davantage.

LE VIEILLARD.

L'ancien régime était plus gai pour vous; cela est incontestable.

PASQUIN.

Cependant les iconoclastes arrivèrent, qui me brisèrent en mille morceaux. Je fus enterrée dans un des faubourgs de Rome; je perdis mes bras, ma tête et mes jambes; il ne me resta plus que le torse.

LE VIEILLARD.

On t'a plus maltraitée que moi.... Qu'es-tu devenue, ainsi mutilée?

PASQUIN.

Un pauvre savetier, en bêchant un mauvais coin de terre, heurta contre moi et me déterra. Je lui servis de banc, et j'ornai son échoppe. Il se nommait Pasquin, et ses bons mots amusaient la canaille. Il mourut sans enfans. Son logement impromptu fut dilapidé par ses confrères; on me dressa comme tu le vois, et je fis de nouveau une figure dans le monde.

LE VIEILLARD.

Tu t'es relevé; enseigne-moi le moyen d'en faire autant.

PASQUIN.

Rien de plus facile : j'ai vu les mœurs de mon siècle, je me suis fait méchant; fais-toi journaliste. Tu as été abbé, j'ai servi les autels; je suis marbre, tu as un front d'airain et un cœur de pierre; tu peux encore atteindre à une certaine réputation de noirceur et d'ironie. Frappe à tort et travers; barbouille du papier; répète de vieux quolibets, et fais en sorte que l'on cite tes pasquinades. Tu te feras craindre si tu ne te fais respecter. Nous nous ressemblons en tout point, mon ami : si notre esprit ne peut nous sauver, que celui des autres tourne à notre profit. Écoute, recueille et copie. N'as-tu pas l'exemple de l'abbé Pasquin, de l'abbé Fréron, de l'abbé Geoffroy et de tant d'autres abbés dont la nullité, revêtue d'un peu de malice et d'effronterie, a fait la honte et la fortune ? E. J.

N°. XXXVIII. — 5 *septembre* 1824.

TRENTE-HUITIÈME LETTRE.

LE JOURNAL D'UN ÉCOLIER.

> Geôles d'une innocente jeunesse.
> MONTAIGNE.

LAVATER, dont le système ne s'appliquait pas seulement à la physionomie, était d'avis que tout se liait dans la nature humaine par une chaîne continue et mystérieuse. Il prétendait qu'un sot ne pouvait ni marcher, ni parler, ni tracer des caractères d'écriture comme un homme d'esprit ; il allait jusqu'à soutenir, qu'un observateur habile ne pouvait manquer de reconnaître dans tous les actes de la vie extérieure les traces des facultés morales qui distinguaient ou qui devaient distinguer un jour tels ou tels individus.

Le système qu'il avait fondé sur un examen, suffisamment approfondi, des différens caractères d'écriture ne lui paraissait pas moins rigoureusement démontré que celui qui avait pour base les traits de la figure ; et j'ai eu l'occasion de m'assurer par mes yeux, que l'expérience le trompait moins rarement dans les jugemens qu'il portait d'après les caractères graphiques que d'après les physionomies.

Je n'oublierai jamais la singulière épreuve où je mis son talent en 1794.

Réfugié en Suisse, à cette époque, je voyais assez souvent le philosophe de Zurich, et j'ai été plus d'une fois témoin des oracles qu'il y rendait. Ses méprises assez fréquentes ne m'empêchaient pas de reconnaître en lui ce génie d'observation dont il était pourvu au plus haut degré.

Un jour, dans l'intention de mettre sa perspicacité en défaut, je lui présentai quelques pages écrites à l'âge de quatorze ans par un homme qui en avait quarante alors. Pour faire ressortir dans toute sa force la pénétration du célèbre graphonomiste, je dois mettre sous les yeux de mes lecteurs le fragment d'après lequel Lavater devait porter un jugement sur la personne et sur le caractère d'un homme qu'il ne connaissait que par l'écrit, sans date, sans signature, sans aucune indication, que je lui présentais.

Extrait du journal d'un écolier.

« Quel supplice d'être réveillé à quatre heures et demie du matin pour se lever à cinq!... Ce maudit M. Lerouge a mis à bas ma couverture, il faut bien quitter le lit!.. Comme je dormirai, quand je serai mon maître!

» Ils prétendent que le Virgile est supérieur à tous les poëtes ; et moi je leur soutiens que Lucain a cent fois plus de vigueur, et Ovide infiniment plus d'imagination : j'espère bien faire triompher quelque jour le chantre énergique de la Pharsale, du doucereux auteur de l'Énéide.

» Le maître d'étude (l'abbé Gauterot, je ne veux pas oublier son nom) a lu le paragraphe précédent que j'avais écrit en note sur une carte : le petit boiteux s'est mis en fureur et m'a donné cent cinquante vers de Virgile à copier ; je lui ai demandé à troquer contre trois cents vers de Lucain... Il *rageait!*

» Ah! c'est un crime d'aimer Lucain !... Eh bien, tant mieux! Nous le chanterons dans nos récréations, nous placerons ses vers dans nos thèmes : je me suis entendu avec Lacroix, avec Gérard, et cinq ou six autres qui ont de la tête et qui ne craignent pas les pensums.... Vive Lucain !

» Comme nous avons ri à la classe de dix heures ! Le gros abbé Morizeau, le professeur de troisième, avait enlevé arbitrairement la première place à mon ami Duverier parce qu'il avait oublié le mot *mus*. Il m'est venu une bonne idée ; j'ai été prendre un gros rat dans une des souricières du réfectoire, et nous l'avons attaché sur le dos par les quatre pates au beau milieu du siége de M. le professeur. Le gros abbé monte gravement à sa chaire et s'assied sur le rongeur qui, se sentant oppressé sous la masse charnue qui l'enveloppe de toutes parts, profite de sa position pour y enfoncer ses petites dents pointues. Cris de douleur de la part du pédant, rire inextinguible des écoliers, et mort du rat sacrilége à grands coups de férule !... Quel est l'auteur de ce complot impie ?... *Outine ! Outine !* répond la bande joyeuse comme le cyclope d'Homère... Personne ne parle ; nous voilà tous en retenue.

» Que ferons-nous dans dans cette grande vilaine salle ornée de bancs noirs et durs, que l'on nomme classe ? Nous débaptiserons M. Morizeau, nous l'appellerons *Maudit-sot*, et nous ferons en son honneur, et sur l'air à la mode de la *Monaco*, une petite chanson dont nous ferons retentir les voûtes savantes de notre prison. — Pendant qu'elles retentissent encore de cet hymne à la manière d'Alcée, contre le tyran ; je me mets à écrire à mon vieux camarade le Bel (le vieux camarade n'avait pas quinze ans) : je lui raconte en style homérique le combat du *rat et du professeur*; je le prie, en réponse, de m'informer des progrès que font dans sa province les idées philosophiques, et du succès qu'obtient le livre de l'*Esprit*. Je l'ai caché dans ma paillasse et je le rendrai au principal du collége qui me l'a déjà brûlé trois fois, quand je le saurai par cœur, comme fit Racine pour le roman de Théagène.

» Le recteur nous a rendu visite et nous a harangués d'une façon toute paternelle; j'ai été choisi pour lui répondre, et je m'en suis acquitté à la satisfaction générale : finalement, nous avons obtenu grâce, à condition de ne plus mettre de rats sous le vénérable postérieur de M. Morizeau, et de ne plus rien chanter sur l'air de la *Monaco* ou de *Jean, ce sont vos rats*. — Je reviens de la promenade. En passant rue Saint-Jacques, nous avons fait donner au diable la vieille *Catachrèse* qui ne veut pas s'accoutumer à ce nom que nous lui avons donné et qu'elle prend pour une grosse injure. Cette cuisinière en plein vent tenait en main la poêle où elle avait élevé une pyramide de crêpes toutes chaudes encore de l'huile rance où elles avaient été fondues : Lefebvre, d'un revers de chapeau, a fait crouler l'édifice, sur les débris duquel une douzaine de chiens sont tombés : la vieille Sibylle qui nous poursuivait en jurant par toutes les lettres de l'alphabet n'a pu attraper que le maître de quartier ; il aurait payé pour tous, si la marmitonne n'eût entendu tomber dans la poêle deux petits écus que nous nous étions cotisés pour lui offrir en dédommagement. Le *quos ego* de Neptune n'apaise pas aussi promptement les flots : cette fois l'aimable Catachrèse voulait absolument nous embrasser l'un après l'autre ; nous avons passé procuration au maître du quartier... il prétendait qu'il n'avait fait que changer de supplice.

» Après les *barres*, où j'ai fait merveille, nous sommes rentrés ; et comme le souper se trouvait encore plus frugal qu'à l'ordinaire, ce qu'on aurait pu croire impossible, nous avons cru devoir l'égayer par une plaisanterie très-*amère*, comme dirait Volange. Jacques Leleu, qui se destine à la pharmacie, et qui a toujours les poches pleines de drogues, avait eu soin de frotter les fourchettes de nos *chiens de cour* avec de l'extrait de coloquinte. Je parierais que les damnés ne font pas de plus épouvantables grimaces. Pour punition nous n'avons eu que du pain sec : ce que nous y avons perdu ne vaut pas la peine d'en parler. — L'estomac vide, et l'imagination toute pleine de mon cher Lucain, je viens de faire le plan d'un poëme épique : j'aurai bien du malheur s'il ne vaut pas mieux que le *Philippe Auguste* du chanoine Gourlier, lequel a paru l'année dernière, avec une préface, où le bon homme nous assure que Voltaire n'entend rien au poëme épique.... L'on s'est moqué du chanoine, et l'on n'a pas voulu lire son poëme.

» On lira le mien ; c'est le *Juif errant*, *ou l'immortalité du crime*. Quelle machine ! quelle combinaison ! quel héros ! un homme chargé d'un grand crime, à qui Dieu inflige le supplice de l'immortalité. Ainsi mon sujet est sans bornes ; l'univers est mon théâtre et l'éternité mon époque... Voilà un sujet ! J'ai montré les premiers vers à M. Cubières de Palaiseau, il en a paru étonné. »

Suivaient une centaine de vers détestables, remplis de tournures latines, de chevilles, de grands mots longs d'une toise, que je ne crois pas devoir transcrire ici de peur qu'on les croie faits d'hier ; et je reviens à Lavater, entre les mains duquel j'avais remis ce fragment, dont l'écriture l'avait vivement frappé.

« Si j'avais lu ce fragment écrit d'une

autre main que de celle de son auteur, j'aurais pu n'y voir qu'une image assez fidèle de la vie et des pensées d'un écolier de quatrième, dont la fougueuse et jeune imagination se mêlait aux espiègleries du collége, et qui promettait à l'avenir un homme gai, spirituel, malin et étourdi; mais l'examen approfondi des caractères de cette écriture me décide à porter un tout autre jugement de celui qui les a tracés.

» S'il a vécu âge d'homme, je ne crains pas d'affirmer, ou que l'écrivain de ce fragment n'en est pas l'auteur, ou qu'il s'est montré dès l'âge de vingt ans sous un tout autre aspect qu'il ne se présente dans ce journal d'un écolier. Cet homme doit avoir été remarquable par des mœurs sévères et des vertus antiques : ferme dans ses principes philosophiques, il a dû être l'ennemi de toutes les tyrannies, de tous les préjugés. S'il n'est point tombé victime des factions dans vos discordes civiles (et je serais porté à le croire, à la fermeté de ses *jambages*, qui n'annoncent pas moins de prudence que de courage), si, dis-je, il survit aux grandes commotions politiques dont il a dû être modérateur, il jouira d'un renom d'équité, d'une réputation de sagesse et de vertu, qui, dans les temps de corruption où il vit, lui assureront une gloire immortelle. » Lavater ne s'est point trompé sur aucun point; cet écolier c'était.... De quoi servirait-il de le nommer ?   E. J.

N°. XXXIX. — 7 *septembre* 1824.

TRENTE-NEUVIÈME LETTRE.

PROTECTEURS ET PROTÉGÉS.

Des protégés si bas, des protecteurs si bêtes.

CE vers, dans la bouche du *méchant*, de Gresset, n'était qu'une épigramme injuste à une époque où le patronage était généralement exercé par des gens d'esprit, et sollicité plus généralement encore par des hommes plus enclins à l'orgueil qu'à la bassesse. Quels étaient les protecteurs de ce temps-là? Les Choiseul, les Richelieu, les

Conti, les Luxembourg, les Beauvau, les Turgot, les Laborde, les Boulogne. Quels étaient leurs protégés? Les Voltaire, les Rousseau, les Chamfort, les Marmontel, les La Harpe, les La Condamine, les Ducis, les Maupertuis. Pour faire de ce même vers une allusion directe aux mœurs et aux personnes de cette époque, ne suffirait-il pas également de nommer les protecteurs et les protégés qui sont le plus en évidence? Mais de même qu'il est des vérités qu'on peut taire sans inconvénient, parce qu'elles sont connues de tout le monde, il est des vices qu'on peut se dispenser de personnifier: chacun s'en charge.

Je connais un homme d'esprit, de talent et de probité, qui a été successivement huissier du cabinet d'une douzaine d'hommes en place : je m'entretenais, ou plutôt je m'instruisais il y a quelques jours avec lui, sur un chapitre dont il a fait l'étude de sa vie entière; je me souviens des portraits les plus saillans qu'il a fait passer sous mes yeux, et je veux essayer d'en reproduire l'esquisse.

« La première observation que j'ai été à portée de faire, me dit-il, c'est qu'il y a toujours une sorte d'analogie de caractère, de qualités, de défauts, de vice et de vertus entre les protégés et leurs protecteurs.

» La première excellence dans l'intimité de laquelle je fus admis en qualité de secrétaire, était un homme qui croyait avoir atteint le dernier terme de l'habileté ministérielle, le secret de la dissimulation : *tout voir, et ne pas se laisser voir*, telle était la maxime jésuitique qu'il prétendait s'être faite; mais il se vantait, et je ne tardai pas à m'apercevoir que c'était une leçon qu'il avait mal apprise, il n'avait pas même assez d'esprit pour feindre la dissimulation. Au demeurant, c'est à la franchise de sa nullité qu'Arcas était redevable du rang où il avait été élevé par ses concurrens. A défaut de son propre triomphe, l'ambition, dans ses rivalités, aime à voir réussir le plus incapable; on le met là pour retenir la place; sans songer qu'une fois parvenue sur l'arbre où elle s'est traînée, la limace qui s'y colle y tient plus fortement que l'oiseau sur la branche.

» Arcas, qui n'avait rien pour s'y élever, avait tout ce qu'il fallait pour s'attacher au pouvoir, et pour attirer dans les antichambres cette espèce de protégés qui ressemblent à ces malheureux qui battent le tambour et qui sonnent de la trompette à la porte d'un charlatan pour attirer la populace.

» Les protégés d'Arcas se partagèrent les rôles, et chacun, suivant l'usage, se mit à la suite d'un des vices ou d'une des faiblesses de leur patron. Les plus bassement employés furent, comme de raison, les mieux partagés et les mieux pourvus. Philon et Bathas se disputèrent quelque temps auprès de lui la suprême faveur : une recette générale devait être le prix du dévouement le plus complet, en d'autres mots de la bassesse la plus évidente ; à mérite égal Philon l'obtint avec justice. Il s'agissait pour lui d'abjurer publiquement une réputation acquise d'honneur et de probité. Bathas n'avait rien à perdre, et son exemple ne pouvait ni séduire ni humilier les gens de bien.

» Arcas serait peut-être encore en place, si, parmi ses protégés il n'eût pas admis un de ces espions domestiques qui s'insinuent dans le cabinet par la porte du boudoir.

» Théagène lui succéda. Faux dévot après avoir été faux brave, dans la première audience qu'il donna à ses protégés, il répéta plusieurs fois ces paroles : « Je veux que l'on sache, messieurs, que l'homme à qui je m'intéresse ne craint ni le mépris des philosophes, ni le jargon des beaux esprits, ni la censure de l'opinion publique : il n'a de juge que Dieu et son vicaire ; il ne reconnaît d'autorité temporelle que celle du prince et de ses ministres. Je veux qu'on sache, messieurs, que sous mon ministère les places ne se donnent pas, mais qu'elles se méritent, non par des services vulgaires, par des talens que chacun croit posséder, par les qualités de l'esprit dont je ne fais aucun cas, mais par l'exercice des vertus apostoliques, et des devoirs pieux qui font seuls les sujets fidèles, les magistrats intègres et les bons administrateurs. »

« Je n'ai pas besoin de vous dire quels furent les protégés de cet ambitieux tartuffe. Cette même salle d'audience, ce même cabinet que j'avais vus huit jours avant assiégés par une foule de militaires, de magistrats, d'hommes du monde, au milieu desquels circulaient quelques femmes brillantes de grâces et de parures, n'étaient plus remplis que par des espèces de Basiles, au col tors, aux yeux baissés, au maintien silencieux et modeste. Les femmes, qui avaient leur jour d'audience particulier, pour éviter les réunions inconvenantes des deux sexes, étaient toutes vêtues avec la plus grande simplicité, et le fichu noir de madame Gertrude recouvrait soigneusement ces objets *qui font venir de coupables pensées.*

» Ce qui m'étonna davantage, tout accoutumé que j'étais à ces métamorphoses, ce fut de reconnaître, sous cet air contrit, sous ce maintien dévot, des hommes et des femmes que l'on citait la veille encore, pour l'extrême facilité de leurs mœurs, et pour leur réputation plus que mondaine. "

» Calvus, athée converti depuis la restauration, était le favori naturel et nécessaire d'un pareil ministre : il avait prévu depuis plus d'un an l'avénement de S. E. au ministère, et s'était d'avance insinué dans ses bonnes grâces, en fréquentant aux mêmes heures la même église, en y assistant à la même messe et au même sermon; un jour ils se rencontrèrent par hasard au même confessionnal. Dès ce moment la fortune de Calvus fut faite. »

« Il y a une chose que j'ai de la peine à m'expliquer, dis-je à l'huissier; comment se fait-il qu'avec du talent, de l'esprit, et si près de la source des grâces, vous n'en ayez pas obtenu pour vous-même, et que vous soyez resté vingt ans à la porte d'un cabinet sans essayer d'y entrer tout comme un autre? — C'est qu'avant d'être protecteur, il aurait fallu être protégé, et que je ne connais pas de rôle plus humiliant à jouer sur la terre. Je ne vous nierai pas que l'exemple ne m'ait souvent encouragé, et que je n'aie eu mes momens d'ambition; mais je me suis consulté, j'ai senti qu'il fallait se résoudre à dépendre du caprice d'un méchant, d'un sot ou d'un fat; à rester en butte à ses hauteurs, à étudier ses faiblesses, adopter ses préjugés, ses passions et ses haines, pour finir par en être l'instrument et souvent la victime; en un mot, qu'il fallait se consumer en complaisance, en bassesse, en lâcheté. La nature ne m'a point organisé pour ce genre de vie; je me suis rendu justice, et j'ai préféré ma chaîne de cuivre aux rubans moirés que l'ambition me montrait en perspective. »

« Il est un patronage honorable que l'on peut accepter ; c'est celui de l'homme éminent par ses vertus et par son mérite : dans l'espace de vingt ans vous devez avoir eu plus d'une occasion de vous assurer un protecteur dont vous n'auriez pas eu à rougir. — De tant de ministres que j'ai vus se succéder, il en est deux dont j'aurais consenti à être la créature ; mais ceux-là n'ont gardé qu'un mois le portefeuille. C'est à l'un de ces ministres que j'entendais dire un jour à un homme en faveur et d'une probité plus que suspecte qui lui demandait une simple lettre de recommandation : « Monsieur, j'aimerais mieux vous faire une lettre de change d'un million, du moins je ne risquerais que ma fortune. »

» J'ai retenu les phrases suivantes d'un manuscrit qu'il m'a donné à copier ; elles vous expliqueront le peu de durée de la faveur dont il a joui.

« Intrigue, audace et médiocrité ; moyens de succès infaillibles au temps où nous vivons : non-seulement ils conduisent aux places, mais ils peuvent seuls vous y maintenir.

» Le triomphe du talent et de la probité,

quand par hasard le talent et la probité triomphent, ne saurait être qu'éphémère : c'est la victoire de Cadmus ; il a semé ses ennemis.

»... Ce que je remarque avec le plus d'effroi, c'est que nous avons remplacé les vices de l'orgueil, que le malheur peut corriger, par les vices de la dégradation dont les ravages n'ont point de terme ; les guerres civiles, les séditions, les fureurs populaires frappent et passent comme la foudre ; les cicatrices qu'elles laissent après elles sur le corps social ne le défigurent pas ; mais la lèpre hideuse de la corruption gagne et s'invétère de jour en jour : qui peut dire où elle s'arrêtera ?

» Bacon, qui aurait dû profiter de cet avis pour lui-même, m'avertit de me défier de ces protégés orgueilleux qui trafiquent des éloges qu'ils vous donnent ; il est rare (ajoute-t-il, dans ce style d'images qui lui est propre) que ces spéculateurs n'exportent pas l'honneur de leur patron pour lui rapporter l'envie en échange. »

E. J.

N°. XL. — 9 *septembre* 1824.

QUARANTIÈME LETTRE.

QUELQUES VÉRITÉS DURES.

> Depuis quelque temps on dit moins de sottises, mais on en fait bien davantage. Ne serait-ce pas qu'on a donné le pouvoir à ceux qui avaient la parole?
>
> M.

En mettant de l'ordre dans de vieux papiers, il m'est tombé dernièrement sous la main un numéro du *Courrier de l'Europe*, où je trouve consignée cette remarque de lord Temple : « Mes réflexions m'ont conduit depuis long-temps à pressentir la marche rétrograde que prenaient nos affaires ; mais du moins j'accordais quelque délai à mes craintes : il était réservé à nos hommes d'état d'anticiper sur un triste avenir : leur folie, leur ignorance, leur faiblesse et leur témérité précipitent le cours des choses avec une rapidité qu'il eût été difficile de prévoir... Ils ne répondent pas, je les soupçonne de connaître mieux le livre des *Nombres* que celui de la *Sagesse*. »

Nous pouvons être plus affirmatifs que lord Temple ; vous et moi, nous ne soupçonnons pas, mon ami, nous sommes sûrs que de nos jours les hommes du pouvoir connaissent infiniment mieux ce livre des *Nombres* que le *Manuel d'Épictète*. C'est une honteuse épidémie que cet amour de l'or qu'ils ont inoculé à la nation entière. Depuis le ministre jusqu'au garçon de bureau, depuis le courtisan qui monte dans les carrosses jusqu'au laquais qui monte derrière, tout le monde en est atteint; aujourd'hui le vice est une chance, la pensée est un calcul; les devoirs, les plaisirs, les engagemens s'expriment en chiffres, le mariage, l'amour même n'est plus qu'une règle d'arithmétique. Le langage s'est empreint de la corruption des mœurs, et le mot de spéculation est partout employé comme synonyme de bienfaits, de service, de dévouement et d'amitié. Chez nous, comme chez les Anglais, on entend aujourd'hui par homme *respectable*, un homme *à son aise;* par un *homme chaud, ardent*, un homme qui s'occupe de sa fortune; et l'on cite un billet d'un parlementaire tout semblable à celui d'un membre de la chambre des Communes, à lord Walpole : « Si vous ne m'envoyez pas d'argent, je voterai selon ma conscience. »

On comparait devant le Tasse l'état où se trouvait alors l'Italie, avec l'état où elle s'était vue sous les anciens Romains : le prince de Conca fut d'avis qu'il n'y avait pas de parallèle à établir entre deux ordres de choses si différens. « Au contraire, dit le Tasse, cette différence même peut donner lieu à une comparaison très-juste : chez les Romains d'autrefois les magistrats travaillaient de concert à enrichir la République, sans s'inquiéter de leur fortune; chez les Italiens d'aujourd'hui c'est à qui ruinera le public pour enrichir sa famille. Vous voyez que cela revient à peu près au même, puisque la fortune publique se compose des fortunes particulières. »

S'il est vrai, comme le dit l'historien Hume, « qu'il n'y ait qu'un vice au monde, *l'intérêt* (pris dans le sens d'avarice), et que la vanité, l'orgueil, l'ambition, la fourberie, l'hypocrisie, le vol, l'inhumanité, se réduisent à ce pernicieux élément, *le désir d'avoir* », rien de plus facile que de remonter à la source de tous les vices dont la société actuelle est inondée. Jamais l'intérêt personnel n'y a joué un plus grand rôle, jamais le *désir d'avoir* ne s'y est produit avec plus d'impudence. Ce mal, il faut pourtant en convenir, n'est pas sans compensation, il nous a guéris radicalement de la gloire.

Si je ne craignais d'avancer un paradoxe dont la preuve exigerait de trop longs développemens, je vous dirais, mon ami, que la cause première de cette dégradation en tous genres, dont les progrès frappent les yeux des moins clairvoyans, c'est la médiocrité; politique, religion, morale, belles-lettres, sciences, beaux-arts, elle a tout envahi, tout rapetissé, tout appauvri; suivons-la dans ses conquêtes, et nous serons effrayés des maux qu'elle nous a faits et de ceux qu'elle nous prépare.

Depuis quelques années la lutte était franchement établie entre le vice éclairé et la vertu à talent, si j'ose m'exprimer ainsi. Il était probable que le premier l'emporterait, et ceux qui voient des ressources partout où ils trouvent de l'esprit et du caractère ne désespéraient encore de rien : malheureusement la médiocrité a profité du conflit pour établir sa puissance, et, plus forte encore du nombre de partisans qu'elle traîne après elle, que des conseils d'une folle présomption, elle a été portée au pouvoir par tous ceux qui ne désespéraient pas d'y arriver au même titre.

Si nous considérons un moment la société comme un régiment divisé par compagnies, nous les trouverons presque toutes commandées par des capitaines qui devraient tout au plus en être les sergens. Des deux espèces de preuves que je pourrais fournir à l'appui de cette vérité, je choisirai la moins directe, et je me contenterai de nommer les hommes placés de droit par leur mérite et par l'opinion à la tête des lettres, des sciences, des arts, de l'industrie, du commerce et de l'administration, et rejetés en serre-file, par la médiocrité usurpative. Pour éviter, dans cette appréciation du mérite contemporain, de rester sous l'influence de mes affections ou de mes opinions personnelles, je citerai ce passage d'une lettre que m'écrivait la semaine dernière un illustre étranger.

« Cette prééminence en tout genre, que réclament si niaisement quelques-uns de vos écrivains, vous serait infailliblement acquise, si les hommes de génie et de talent que vous possédez en plus grand nombre qu'en aucun autre pays n'étaient pas nominativement exclus des grandes fonctions publiques, et bannis, pour ainsi dire, de la carrière des lettres et des arts, par le choix ridicule des hommes auxquels on en confie la direction. Je ne crois pas que vous puissiez aujourd'hui me montrer un seul nom européen parmi tous ceux que la faveur ou l'intrigue a mis en évidence.

» Veut-on citer en Angleterre les hommes d'état, les publicistes, les jurisconsultes, les généraux, les magistrats, les administrateurs, qui réunissent au plus haut degré les talens et les vertus qu'exigent les premières fonctions de l'état : La Rochefoucauld-Liancourt, Ségur, Boissy-d'Anglas, Pontécoulant, Foy, Dupont de l'Eure, B. Constant, Bignon, Girardin, Royer-Colard, Laborde, Daru, Bigot de Préameneu, Méchin, Châteaubriant, Gérard, Clauzel, Lamarque, Dupin, Mérillou, Barante, Guizot, sont les premiers qui se présentent à l'esprit, et dans ce nombre, un seul a paru sur la scène politique, pour en être justement banni par ceux qu'il y avait élevés.

» Béranger, Lebrun, Lavigne, Chénédolé, Castel, sont du très-petit nombre de vos poëtes dont les ouvrages soient venus jusqu'à nous, et que nous rangions dans la classe des Byron, des Moore, des Goëthe, etc.; aucun n'est de l'Académie française, où figurent....

» D'où naît la dégénération de votre école de peinture, naguère encore la rivale des écoles d'Italie et de Flandre ? de la perte de son chef, et de la défection de ses trois principaux élèves.

» Dans vos chaires d'instruction publique, quels sont les remplaçans des Cousin, des Tissot, des Daunou, des Bavoux ? »

Je me borne à citer ce court fragment d'une lettre que l'auteur anglais doit publier en entier dans un des journaux littéraires de son pays, et dans laquelle il indique avec une rare sagacité et sans ménagement la cause de cette atrophie morale où nous sommes réduits.

Un autre Anglais, abusant avec autant de lâcheté que d'insolence du caprice de la fortune, qui s'est amusée à lui faire la réputation d'un grand général, était venu, disait-il, pour nous donner une leçon de morale dont nous avions besoin. La seule que nous aurions pu recevoir de lui est celle d'attacher moins de prix à la gloire des armes, à laquelle Fabius et Octave ont des moyens plus sûrs de parvenir qu'Antoine et Annibal. « On n'instruit pas les hommes, dit l'abbé Terrasson, en leur apprenant ce qu'ils savent, mais en leur faisant trouver en eux-mêmes les qualités et les vertus qui s'y trouvent ensevelies sous les préjugés de l'erreur. » A qui donc est-il réservé d'apprendre aux Français que cette légèreté qu'on leur reproche, et qui leur donne dans l'histoire une physionomie si équivoque, est bien moins un vice du caractère national qu'un défaut particulier à certaines classes. Ce qu'il y a de plus exposé à la légèreté dans le sens moral, c'est la fermeté poussée jusqu'à l'entêtement; or cette disposition est toute française. « Ce qu'un Français a résolu, dit Adisson, n'est pas toujours des plus sensé, mais bien ou mal il l'exécute. » Chaque page de notre histoire fournit une preuve de plus à l'appui de cette vérité, que la révolution a mise dans une si terrible évidence. Comment se fait-il donc que les Français restent sous le poids de cette accusation de légèreté qu'ils méritent si peu ? c'est qu'on n'a point encore pris l'habitude de compter le peuple pour quelque chose; c'est que l'on continue à confondre les mœurs de la nation avec celles de la cour, et qu'en appliquant au caractère national les mots légèreté et inconstance, on leur a donné la même signification.

Les Français ne sont point *légers*, ils veulent fortement ce qu'ils veulent; mais ils sont *inconstans;* ils haïssent avec fureur le lendemain ce qu'ils aimaient avec passion la veille. La légèreté des hommes du pouvoir, et l'inconstance du peuple, sont cause qu'on ne fait jamais en France tout le mal et tout le bien que l'on pourrait y faire. De la légèreté des uns résultent ces demi-mesures, ces basses intrigues, ces petites perfidies qui ne sauraient avoir de grands résultats; de l'inconstance des autres naît le découragement des gens de bien et l'éloignement des hommes habiles, que l'ingratitude de leurs concitoyens poursuit trop souvent jusque dans la retraite, où ils vont gémir sur les maux de leur patrie.

E. J.

N°. XLI. — 11 *septembre* 1824.

QUARANTE-UNIÈME LETTRE.

LES SORCIERS.

*Ambubajarum collegia,
Pharmacopolæ.*
HORACE.

Aruspices de vices, vendeurs d'orviétan.

La démonomanie de Bodin est une des plus étranges preuves que l'on puisse citer du degré d'aberration auquel l'esprit humain puisse atteindre; il est curieux d'y observer une intelligence, d'ailleurs saine et vigoureuse, s'égarant dans des doctrines absurdes, tantôt appuyer les sophismes les plus extravagans, tantôt en chercher l'excuse dans l'ironie, et se moquer des principes mêmes qu'il a pris tant de peine à établir.

La classification des sorciers est une des parties les plus bizarres de son bizarre ouvrage; mais, il faut l'avouer aussi, c'est la plus ennuyeuse. J'en étais là, et le livre était encore ouvert devant moi, lorsqu'un vieux Gascon de naissance, Parisien d'habitude, intrigant par caractère, et insinuant par nécessité, entra brusquement dans mon cabinet, et, jetant les yeux sur mon livre : « Parbleu, me dit-il, je bénis le hasard qui m'amène chez vous dans un moment où votre lecture vous a si bien disposé à m'entendre; c'est de sorcellerie que j'ai à vous entretenir. Écoutez-moi quelques minutes : c'est de votre fortune et de la mienne qu'il s'agit. »

J'avais bien envie de lui dire que je ne me

souciais pas du tout de sa confidence, et que je ne voyais pas ce qu'il pouvait y avoir de commun entre sa fortune et la mienne; mais il ne m'en laissa pas le temps, et s'établit auprès de moi sans cérémonie.

« La sorcellerie est tombée, me dit-il; eh bien! je veux la remettre en honneur, non plus sous le nom de nécromancie, de chiromancie, d'astrologie, de magie noire ou blanche; ces extravagances sont indignes de moi et de mon siècle. Je viens vous proposer d'établir un cours de *théurgie morale*, où nous enseignerons l'art de faire fortune en quinze jours; de passer à volonté pour un homme de génie, pour un grand ministre, pour un grand poëte, en un mot, pour un grand docteur en quelque faculté que ce soit.

» — Monsieur, lui dis-je, permettez-moi de vous interrompre un moment. Si vous possédez un pareil secret, pourquoi ne commencez-vous pas à en user pour vous-même ? Autant qu'il m'est permis d'en juger sur les apparences, vous n'êtes encore ni riche ni célèbre, et vous ne feriez peut-être pas mal de faire sur vous la première application de votre talent.

» — J'avais prévu l'objection, et j'y répondrai avec franchise : toute ma science consiste à connaître les esprits avec lesquels ont fait pacte tant de sorciers de notre époque, que vous avez vus, depuis vingt ans, s'élever miraculeusement à la fortune et à la puissance ; il ne s'agit maintenant que de réduire en principes les confidences que j'ai reçues, et d'en déduire, à notre profit, les conséquences ; c'est en cela que j'ai besoin du concours d'un homme habile... — J'entends ; vous avez besoin d'un compère. — Le nom ne fait rien à la chose : je cherche quelqu'un d'intelligent, qui puisse rédiger mes notes et en former un corps de doctrine. — Encore, faudrait-il que j'eusse connaissance de votre travail préparatoire, et que vous puissiez me mettre en communication, au moins indirecte, avec les sorciers dont vous voulez trahir les mystères après en avoir fait votre profit.

» — Voici mon carnet par ordre alphabétique ; je le dépose entre vos mains : j'ai posé le problème, c'est à vous de le résoudre. »

Après avoir jeté les yeux sur ce manuscrit, je vis clairement le service que mon vieux Gascon attendait de moi, et je lui fournis les moyens de publier son *Manuel des sorciers*. Un court extrait suffira pour donner une idée de cet ouvrage original.

« *Extrait du manuel des sorciers contemporains.*

» *Durvente* est un sot : je doute qu'il existe à Paris de tête plus vide, de cerveau plus creux, de cœur plus sec et d'entendement plus obtus ; non-seulement il ne craint pas le ridicule mais il s'y jette tête baissée, sans la moindre pudeur. La nature a fait à Durvente le don précieux d'une vanité excessive, qui lui donne dans le monde l'attitude d'un penseur : il a fait la gageure de garder cette attitude jusqu'à ce qu'il eût acquis la réputation d'un homme d'esprit ; et ce qu'il y a de miraculeux, c'est qu'il a gagné son pari. Destiné par la nature à végéter dans l'oubli, il croît au milieu des éloges, se fait jour au-dessus du mérite, et va répétant partout qu'il enfoncera les portes de l'académie. Personne n'en doute ; Durvente a deux esprits familiers à ses ordres : la patience et l'effronterie.

» — Né dans la plus profonde obscurité, *Courtalon* n'avait reçu de la nature aucun moyen d'en sortir ; son intelligence, dans tout le développement qu'elle avait pu recevoir, lui montrait une étude de procureur dans une petite ville de province, comme le but et le terme de son ambition. Il y parvint avec infiniment de peine, à une époque où la révolution avait déblayé les routes de la fortune, de tous les priviléges, de tous les préjugés qui pouvaient gêner sa marche. Un nouvel ordre de choses se présente; Courtalon a vieilli dans un emploi subalterne, tout aussi étranger à la cause ancienne qu'à la cause nouvelle qu'il embrasse après son triomphe. Dans le grand mouvement qui s'opère, il ne désespère pas d'arriver à l'intendance dans quelque bonne maison; il se met en quête, il sollicite, il importune. Il allait demander la place d'intendant chez un ministre; on lui donne son portefeuille, et voilà M. de Courtalon ministre et grand seigneur. A quel démon a-t-il eu recours? — A l'esprit de vertige et d'erreur.

» — J'ai servi avec *d'Outreville* dans un régiment de carabiniers, où il s'était fait une triple réputation de mauvais sujet; il l'avait soutenue si brillamment le pistolet au poing, que dès long-temps personne ne s'avisait plus de la lui disputer. On citait même avec une sorte d'admiration le grand nombre de femmes qu'il avait séduites, de gens qu'il avait ruinés au jeu, de bouteilles qu'il avait bues dans un repas, et d'hommes qu'il avait tués en duel. Je perds de vue ce brave chef d'escadron pendant une dizaine d'années, et j'apprends qu'il est entré au séminaire où il est cité comme un modèle de piété, d'humilité et de componction. J'attendrai que d'Outreville soit cardinal pour vous dire si c'est l'esprit saint qui a présidé à sa conversion.

» — On doit connaître la femme qu'on a beaucoup aimée, et qui vous a donné pendant cinq ans la preuve d'un attachement réciproque. Je puis donc assurer que Mme. *de Sénille* était à vingt-cinq ans la petite personne la plus jolie, la plus sensible et la plus niaise de la cour, dont elle faisait l'amusement.

« Je suis jeune, belle, et j'ai des goûts très-vifs : »

» La combinaison de ces trois seules idées compose l'existence physique et morale de cette dame : elle a vu passer sa jeunesse et sa beauté sans en avoir tiré aucun parti pour son bonheur et pour sa fortune : j'ai compté sur mes doigts : ses quarante ans sont sonnés. Je gémis sur le sort que l'avenir lui destine :

« La coquette d'un certain âge
» N'a plus d'amis, n'a plus d'amans.

» Tout à coup j'apprends que Mme. de Sénille vient de faire l'acquisition d'un hôtel superbe, qu'elle vit entourée d'adorateurs, et qu'elle jouit de la plus haute considération. — Pour expliquer ce mystère, savoir quel est le directeur de Mme. de Sénille, et combien de fois par semaine elle va à la messe.

» — *Dariole* a été élevé loin de la bonne compagnie; il n'a rien de ce qu'il faut pour réussir dans la mauvaise; il est petit, louche et gauche; il n'a d'autre talent que de connaître à fond les vingt-deux manières d'attacher une cravate, et de répéter fidèlement les bons mots qu'il a retenus au Gymnase. Depuis quelques mois Dariole s'est lancé dans le grand monde; il monte à cheval avec la marquise de M***; on l'a vu dans la calèche de la duchesse de P***, et l'on parle de son mariage avec une des plus riches héritières du royaume. Comment expliquer ses succès autrement que par la sorcellerie?... — ou par l'indiscrétion commise il y a quelques mois au foyer de la danse de l'Opéra. »

Je me bornerai à ce petit nombre de citations, pour ne pas déflorer le *Manuel des Sorciers*, où l'auteur, en feignant de le chercher, dévoile le secret d'une foule de réputations, dont il est impossible de rendre compte par les règles ordinaires et par les moyens habituels de la société.

E. J.

QUARANTE-DEUXIÈME LETTRE.

SUITE DE LA LITTÉRATURE ROMANTIQUE.

Scribendi rectè, sapere est et principium et fons.
HORACE.
Le bien penser est la source du bien écrire.

Mon cher ami, nos écrivains dramatiques sont accusés de manquer de naturel. Cette accusation se retrouve dans toutes les pages de leurs adversaires. Ceux-ci, en condamnant l'affectation française, élèvent jusqu'aux nues le beau naturel de Shakspeare. C'est le type qu'ils nous proposent.

M. Schlegel entre autres vante, d'un ton d'inspiré, la vérité des pensées et du langage qui respire dans la tragédie de *Roméo et Juliette*. Vous allez me trouver bien hardi ; c'est précisément ce naturel si rare que je vais examiner, je choisis même la scène la plus fameuse de cette œuvre dramatique. Vous m'avouerez qu'on ne saurait montrer plus de loyauté. Le jardin de la maison des Capulets est le lieu de la scène ; il fait nuit ; Roméo s'avance.

ROMÉO.

Celui qui n'a jamais été blessé se moque des cicatrices. (*Ici Juliette paraît à la fenêtre au clair de la lune.*) Mais, doucement ; quelle lumière s'échappe de cette fenêtre? C'est l'orient, et Juliette est le soleil. Lève-toi, astre brillant ; éclipse la lune qui est déjà pâle et malade de douleur de te céder, à toi, l'une de ses nymphes, le prix de la beauté. Ne sois plus sa compagne, puisqu'elle est envieuse; rejette ses draperies d'un vert jaunâtre, qui ne conviennent qu'aux insensés. Oui, c'est elle, c'est mon amour, et plût au ciel qu'elle connût le secret de mon cœur! Elle parle, et cependant elle n'exprime rien. Qu'importe? ses yeux sont pleins d'éloquence, et je leur répondrai. Je suis trop audacieux; ce n'est pas à moi qu'elle s'adresse. Deux étoiles des plus éclatantes du ciel, ayant affaire ailleurs, ont supplié ses yeux de briller dans leurs sphères jusqu'à ce qu'elles fussent de retour. Qu'arriverait-il si ses yeux étaient là-haut, et que ces étoiles fussent dans sa tête? Elles seraient obscurcies par l'éclat de ses joues, comme la lumière du jour fait pâlir celle d'une lampe. Ses yeux, placés au firmament, répandraient une telle clarté dans les régions aériennes, que les oiseaux commenceraient leurs chants, comme si le soleil avait chassé les ténèbres de la nuit. Voyez comme elle appuie sa joue sur sa main ! Oh ! que ne suis-je un gant pour couvrir sa main et toucher sa joue !

JULIETTE soupire.

Hélas !

ROMÉO.

Elle parle ! Ah ! parle de nouveau, ange de lumière ; car du lieu élevé où tu es placée, tu me parais aussi rayonnante qu'un messager du ciel, lorsqu'aux yeux étonnés des mortels qui lèvent la tête pour le contempler, il s'élance sur les nuées paresseuses, et sillonne le sein de l'air.

JULIETTE.

Oh ! Roméo ! Roméo ! pourquoi es-tu Roméo ? Renonce à ton père ; abjure ton nom ; ou, si tu l'aimes mieux, jure-moi un constant amour, et je cesserai d'être une Capulet.

ROMÉO à part.

Faut-il que j'en entende davantage, ou répondrai-je à ses paroles?

JULIETTE.

Ton nom seul est mon ennemi; car tu es toi-même, et non un Montaigu. Qu'est-ce que Montaigu? Ce n'est ni une main, ni un pied, ni un bras, ni un visage, ni rien de ce qui appartient à un homme. Oh! sois quelque autre nom! Qu'y a-t-il dans un nom? Ce que nous appelons une rose ne répandrait-il pas un aussi doux parfum si nous lui donnions un autre nom. Ainsi Roméo retiendrait toutes ses perfections s'il n'était pas Roméo. Roméo, retranche ce nom, qui n'est aucune partie de toi-même, et je me donne à toi tout entière.

ROMÉO.

J'accepte l'échange. Appelle-moi ton

amour : ce sera un nouveau baptême, et désormais je ne serai plus Roméo.

JULIETTE.

Qui es-tu, toi qui, sous le voile ténébreux de la nuit, écoutes ainsi mes paroles?

ROMÉO.

Je ne sais comment, à la faveur d'un nom, te dire qui je suis. Mon nom, cher ange, m'est odieux, puisqu'il est ton ennemi. Si je le tenais, je le mettrais en pièces.

JULIETTE.

Je n'ai encore entendu qu'un petit nombre de paroles sortir de cette bouche; mais je reconnais le son de la voix. N'es-tu pas Roméo et un Montaigu?

ROMÉO.

Ni l'un ni l'autre, vierge céleste, si l'un et l'autre te déplaisent.

JULIETTE.

Comment et pourquoi es-tu venu ici? Les murs du verger sont élevés et difficiles à franchir, et ces lieux te menacent de la mort si quelqu'un de mes parens vient à te rencontrer.

ROMÉO.

C'est avec les ailes légères de l'amour que j'ai pris l'essor, et que je me suis élevé au-dessus de ces murailles; car nulles limites ne peuvent retenir l'amour; et tout ce que l'amour peut faire, l'amour ose le tenter. Ainsi, tes parens ne peuvent être un obstacle pour moi.

JULIETTE.

S'il arrive qu'ils te voient, ils te donneront la mort.

ROMÉO.

Ah! il y a plus de danger dans tes yeux

que dans leurs épées. Jette sur moi un doux regard, et je serai à l'épreuve de leur inimitié.

JULIETTE.

Je ne voudrais pas, pour le monde entier, qu'ils t'aperçussent en ces lieux.

ROMÉO.

J'ai le manteau de la nuit pour me cacher à leurs regards, et si tu ne m'aimes je désire qu'ils me voient. J'aime mieux que leur haine termine ma vie, que d'éprouver une mort prolongée par l'absence de ton amour.

JULIETTE.

Qui t'a dirigé vers ces lieux?

ROMÉO.

L'amour qui m'inspirait; il m'a prêté ses ailes, et je lui ai prêté des yeux. Je ne suis point navigateur; mais, fusses-tu à la même distance que cette vaste plage où se brisent les flots des mers les plus éloignées, je traverserais tous les périls pour obtenir un si rare trésor.

JULIETTE.

Tu le sais, le masque de la nuit est sur mon visage; autrement, les paroles que tu m'as entendu prononcer auraient coloré mes joues d'une rougeur virginale. Que ne puis-je, comme je le voudrais, m'arrêter aux formes, et démentir mes paroles; mais je laisse là toute espèce de cérémonie. M'aimes-tu? je sais que tu vas répondre oui, et je te prendrai au mot; mais si tu fais des sermens, tu peux les violer; et Jupiter, dit-on, se rit des parjures des amans. Aimable Roméo! si tu m'aimes, prononce ce mot avec sincérité, ou si tu penses que je sois trop facile, je froncerai le sourcil, je ferai la méchante, et pour t'engager de me poursuivre, je te dirai : non. En vérité, charmant Montaigu, je découvre trop ma tendresse ; tu peux me croire légère, mais sois bien sûr que je serai plus constante que celles qui ont plus d'adresse pour cacher leurs sentimens. J'aurais été plus difficile, il faut que je l'avoue, si tu n'avais surpris l'expression de mon fidèle amour. Ainsi, pardonne-moi ! n'impute point à la légèreté des aveux qui ne sont parvenus qu'à la faveur des ombres de la nuit !

ROMÉO.

Je jure par cet astre sacré dont la lumière argentée étincelle sur la cime de ces arbres fruitiers....

JULIETTE.

Ne jure pas par la lune ; par cette lune inconstante dont l'orbe change tous les mois, de peur que ton amour ne soit aussi variable qu'elle.

ROMÉO.

Par quoi faut-il donc que je jure?

JULIETTE.

Ne jure en aucune manière, ou bien jure par ta gracieuse personne qui est l'objet de mon idolâtrie, et je te croirai.

(Le dialogue continue sur le même ton jusqu'à ce qu'on entende du bruit, c'est la nourrice de Juliette qui l'appelle.)

JULIETTE.

Je suis à vous, bonne nourrice. Cher Montaigu, sois fidèle! demeure un instant, et je reviens à toi.

(Elle sort.)

ROMÉO.

O nuit bienheureuse! je crains que tout ceci ne soit un songe, enfant des ténèbres, trop doux et trop flatteur pour être une réalité.

JULIETTE. Elle reparaît à la fenêtre.

Trois mots, cher Roméo, et bon soir tout de bon. Si tes intentions sont honorables et que tes vœux soient pour le mariage fais-moi savoir demain, par l'émissaire qui viendra de ma part, en quel lieu et en que temps tu veux accomplir la cérémonie nuptiale. Je mettrai ma fortune à tes pieds, et je te suivrai partout comme mon seigneur et mon époux.

LA NOURRICE.

Madame!

JULIETTE.

Dans l'instant. Mais si tu as d'autres pensées, je te supplie.....

LA NOURRICE.

Madame!

JULIETTE.

Tout à l'heure, me voilà. Je te supplie

de cesser tes poursuites, et de m'abandonner à ma douleur. J'enverrai demain.

ROMÉO.

Ainsi mon âme soit sauvée!

JULIETTE.

Mille fois bonne nuit!
(Elle sort.)

ROMÉO.

Mille fois mauvaise nuit, d'être privé de ta lumière! L'amour s'élance de l'amour comme l'écolier s'élance de ses livres; mais l'amour s'éloigne de l'amour comme l'écolier retourne en classe, les yeux tristes et pesans.
(Il se retire lentement.)

JULIETTE. Elle reparaît de nouveau.

St! st! Roméo! Oh! que n'ai-je la voix d'un fauconnier pour attirer ce gentil oiseau; mais la voix enrouée de la réclusion doit être timide; autrement, je percerais la grotte où l'écho fait sa demeure; je rendrais sa voix aérienne plus enrouée que la mienne, à force de lui faire répéter le nom de Roméo.

ROMÉO.

C'est mon âme qui m'appelle par mon nom. Comme la voix de l'amour est harmonieuse dans la nuit! elle flatte l'oreille comme une douce mélodie.

JULIETTE.

Roméo!

ROMÉO.

Ma tendre amie!

JULIETTE.

A quelle heure enverrai-je demain?

ROMÉO.

A neuf heures.

JULIETTE.

Je n'y manquerai pas. C'est vingt années

jusque-là. J'ai oublié ce que je voulais te dire quand je t'ai rappelé.

ROMÉO.

Eh bien! je reste ici jusqu'à ce que la mémoire te revienne.

JULIETTE.

Je l'oublierai de nouveau pour te retenir, et je te rappellerai seulement combien ta compagnie m'est chère.

ROMÉO.

Et je resterai toujours, afin que tu t'oublies toujours, oubliant moi-même tout autre demeure que celle-ci.

JULIETTE.

Il est presque jour. Je voudrais bien te voir partir; mais pas plus loin que l'oiseau qu'une jeune fille laisse sautiller à quelque distance de sa main, comme un pauvre captif; elle le retire bientôt à l'aide d'un fil de soie, tant elle est jalouse de sa liberté.

ROMÉO.

Ah! que ne suis-je ton oiseau!

JULIETTE.

Que ne l'es-tu, mon doux ami! et toutefois je te tuerais de caresses. Bonne nuit! bonne nuit! Il y a tant de douceur mêlée à l'amertume des adieux, que je dirais bonne nuit jusqu'à demain.

(Elle sort.)

ROMÉO.

Que le sommeil soit sur tes yeux et la paix dans ton sein! Plût à Dieu que je fusse le sommeil et la paix, pour jouir d'un doux repos sur ton sein et sur tes yeux. Adieu! je vais me rendre à la cellule de mon père spirituel; je veux lui demander son assistance, et lui raconter mon bonheur.

(Il sort.)

Les apôtres du genre romantique ne peuvent me reprocher d'avoir pris trop d'avantage. J'ai choisi une scène des plus renommées du théâtre anglais; et ceux qui entendent bien l'original, avoueront, s'ils sont de bonne foi, que, loin d'affaiblir les pensées de Shakspeare, j'ai relevé par l'expression plusieurs images, dont la traduction littérale aurait prêté au ridicule.

La moindre connaissance du cœur humain suffit pour nous faire sentir que tout dans cette scène est aussi éloigné du naturel que des bienséances. Juliette n'a vu Roméo qu'une seule fois, dans un bal masqué, où ils n'ont pu se dire que quelques mots à la dérobée; il est vrai qu'elle en a reçu un baiser; cet incident est dans la nature vierge de Shakspeare; mais est-il bien naturel que cette jeune fille, seule à sa fenêtre, disserte à haute voix sur le nom de Montaigu, qui n'est ni une main, ni un pied, ni un visage, ni rien de ce qui appartient à l'homme? Et que direz-vous de ces étoiles qui s'absentent pour vaquer à leurs affaires? Quel triomphe pour les ennemis de la littérature française, s'ils trouvaient dans Racine, dans Voltaire de pareils traits de naturel! Que diraient-ils, si dans une de nos tragédies une jeune fille demandait à son amant s'il a vraiment le projet de l'épouser? Avec quel soin ne feraient-ils pas ressortir cette emphase de comparaisons, ce cliquetis de mots, cette ridicule subtilité de pensées qui tourmentent le dialogue, et sont si étrangers au langage des passions! Que Juliette soit la première à concevoir l'idée d'abandonner sa famille pour se livrer à Roméo, cet emportement ne blesse que les convenances; mais comment ose-t-on nous proposer pour modèles des ouvrages d'un goût si faux, d'une morale si imparfaite?

Et remarquons ici l'influence du siècle sur le génie du poëte; il vivait à une époque raisonneuse, dans un temps de controverse, où l'esprit consistait à jouer sur les mots, à envelopper la pensée de métaphores ambitieuses, et à semer d'énigmes les conversations. Cette manie, qui régnait à la cour d'Élisabeth, était nommée *Euphuisme*, d'un ouvrage de Guillaume Lilly, intitulé *Euphuès*, où il avait donné le premier exemple de ce style emphatique et obscur. On ne peut mieux le comparer qu'au langage des précieuses ridicules, qui aurait peut-être envahi notre littérature, si Molière ne l'eût exposé à la risée publique.

D'un côté, une affectation outrée dans le langage, de l'autre des mœurs dépourvues d'élégance, et fortement empreintes de barbarie; voilà ce qui existait du temps de Shakspeare; voilà les influences auxquelles il n'a pu échapper, et certes je suis loin de lui en faire reproche. Il ne pouvait que représenter la société telle qu'il était forcé de la voir. Ce qu'il a d'intéressant dans les situations, de grandeur dans les caractères, de sublime dans les pensées lui appartient ; mais ces justes concessions ne sauraient aller plus loin ; je ne saurais trouver du naturel dans une pénible recherche de mots et de pensées. Que nos écrivains romantiques l'admirent et l'imitent, je ne m'y oppose pas ; mais qu'ils nous permettent de préférer à leur naturel celui de nos grands poëtes ; l'ordre à la confusion ; l'expression vraie des sentimens à l'emphase puérile des idées ; les pensées nobles aux pensées vulgaires, et le développement graduel aux mouvemens brusques et invraisemblables des passions.

Je voulais opposer à la scène de Roméo et de Juliette celle de Monime et de Xipharès dans Mithridate. On peut faire cette comparaison, qui m'entraînerait trop loin. Je me contenterai de citer un simple passage de Racine. C'est le discours d'Iphigénie à son père. Iphigénie est à peu près dans la même situation que Juliette. Elle aime pour la première fois, elle aime un jeune prince digne de son amour, et qui est repoussé par son père. Voici comment elle s'exprime :

« Fille d'Agamemnon, c'est moi qui la première,
Seigneur, vous appelai de ce doux nom de père;
C'est moi, qui, si long-temps le charme de vos yeux,
Vous ai fait de ce nom remercier les dieux;
Et pour qui, tant de fois, prodiguant vos caresses,
Vous n'avez point du sang dédaigné les faiblesses.
Hélas! avec plaisir je me faisais conter
Tous les noms des pays que vous allez dompter;
Et déjà, d'Ilion présageant la conquête,
D'un triomphe si beau je préparais la fête.
Je ne m'attendais pas que, pour le commencer,
Mon sang fût le premier que vous dussiez verser.
Non, que la peur du coup dont je suis menacée
Me fassent rappeler votre bonté passée.
Ne craignez rien! mon cœur, de votre honneur jaloux,
Ne fera pas rougir un père tel que vous;

Et si je n'avais eu que ma vie à défendre,
J'aurais su renfermer un souvenir si tendre ;
Mais à mon triste sort, vous le savez, seigneur,
Une mère, un amant, attachaient leur bonheur ;
Un roi digne de vous a cru voir la journée
Qui devait éclairer notre illustre hyménée.
Déjà, sûr de mon cœur, à sa flamme promis,
Il s'estimait heureux, vous me l'aviez permis ;
Il sait votre dessein ; jugez de ses alarmes ;
Ma mère est devant vous, et vous voyez ses larmes :
Pardonnez aux efforts que je viens de tenter,
Pour prévenir les pleurs que je leur vais coûter. »

Osez maintenant comparer Shakspeare à Racine ! comparez l'imagination des pensées, la bizarrerie des images, le babil prétentieux de Juliette à cette profonde vérité de sentiment relevée par une expression toujours naturelle, poétique et harmonieuse, qui répand tant de charme sur les paroles d'Iphigénie. Mais pourquoi ces rapprochemens dont je suis presque honteux ? Qui se serait jamais attendu qu'on pût préférer aux chefs-d'œuvres de la poésie moderne, les farces extravagantes qui rappellent l'enfance de l'art, la grossièreté d'un siècle ignorant et pédantesque?

A quel excès de déraison l'envie de rabaisser de grandes renommées ne peut-elle pas entraîner des hommes enthousiastes par calcul, et fanatiques de sang-froid! Si l'on se contentait de nous dire que le génie de Shakspeare et de Caldéron fut étonnant pour leur siècle, qu'ils ont une sorte d'énergie sauvage qui plaît quelquefois malgré ses écarts; nulle voix ne s'élèverait pour contester ces vérités; mais ce n'est pas ainsi que s'expriment les maîtres de la nouvelle école. Écoutez M. Schlégel parlant de Shakspeare!

« Ce Titan de la tragédie attaque le ciel
» et menace de déraciner le monde. Plus
» terrible qu'Eschyle, nos cheveux se hérissent et notre sang se glace en l'écoutant;
» et néanmoins il possède le charme séduc-

» teur d'une poésie aimable, il se joue gra-
» cieusement avec l'amour, et ses morceaux
» lyriques ressemblent à des soupirs dou-
» cement exhalés de l'âme; il réunit ce qu'il
» y a de plus profond et de plus élevé dans
» l'existence : les qualités les plus étrangères
» et, en apparence, les plus opposées, sem-
» blent liées l'une à l'autre lorsqu'il les pos-
» sède. Le monde naturel et le monde sur-
» naturel lui ont confié tous leurs trésors.
» C'est un demi-dieu pour la force, un
» prophète par la divination, un génie tu-
» télaire qui plane sur l'humanité, et s'a-
» baisse cependant jusqu'à elle avec la grâce
» naïve et l'ingénuité de l'enfance [1]. »

Voilà comme il convient de se mettre sur le trépied, et de prononcer des oracles. C'est ainsi qu'il faut louer Shakspeare : un Titan, un prophète, un génie tutélaire, telles sont les expressions dont il est bon de

[1] *Cours de littérature dramatique.* Tom. 2, pag. 384.

se servir; elles sont dignes de l'idole et de l'adorateur. Il est vrai qu'elles ne laissent aucune idée positive dans l'esprit : tant mieux ! C'est là le triomphe du genre; il se plaît dans le vague; il ne plane pas tout-à-fait sur l'humanité, mais il plane évidemment sur le sens commun.

Vous me demanderez peut-être la définition de ce genre romantique dont nous avons lu des éloges si pompeux ! La question est embarrassante; les écrivains qui en sont les plus zélés partisans s'énoncent d'une manière si mystérieuse, qu'ils ont l'air de ne pas se comprendre eux-mêmes : ils quittent rarement le langage de l'inspiration. Essayons cependant d'en faire sortir quelques résultats.

« L'esprit romantique, dit M. Schlégel,
» se plaît dans un rapprochement continuel
» des choses les plus opposées; la nature
» et l'art, la poésie et la prose, le souvenir

» et le pressentiment, les idées abstraites
» et les sensations vives, ce qui est divin
» et ce qui est terrestre, la vie et la mort
» se confondent de la manière la plus in-
» time dans le genre romantique. On pré-
» sente dans le drame romantique le spec-
» tacle varié de tout ce que la vie humaine
» rassemble; et, tandis que le poëte a l'air
» de ne nous offrir qu'une réunion acci-
» dentelle, il satisfait les désirs inaperçus
» de l'imagination, et nous plonge dans
» une disposition contemplative par le sen-
» timent de cette harmonie merveilleuse,
» qui résulte, pour son imitation, comme
» pour la vie elle-même, d'un mélange,
» en apparence bizarre, mais auquel s'at-
» tache un sens profond, et il prête, pour
» ainsi dire, une âme aux différens aspects
» de la nature [1]. »

Je ne me chargerai pas de vous expli-

---

[1] *Cours de littérature*, etc.

quer ce que l'auteur entend par l'*âme* d'un *aspect*, ou par des *désirs inaperçus*; mais dans le peu de lumière qu'il a jetée au milieu de ce désordre d'idées et d'expressions, je vois que la littérature romantique est l'assemblage d'élémens hétérogènes et la confusion de tous les genres. Ces nouvelles doctrines se réduisent au principe qui admet « le rapprochement continuel des choses les plus opposées. » Voilà donc cette grande découverte annoncée avec tant d'appareil, et qui doit opérer une révolution dans la république des lettres!

Certes il ne fallait pas un effort extraordinaire de génie pour arriver à un tel résultat : « La découverte en a été faite depuis long-temps. » Et nous aussi, nous avons des poëtes romantiques dont les productions dorment, il est vrai, dans la poussière des bibliothéques, mais qu'il ne tient qu'à nous de réveiller. Nous ne manquions pas dans le quatorzième et dans le quinzième siècle de Caldérons et de Shakspeares. Nos mystères et nos moralités sont de véritables drames romantiques : ils offrent un rapprochement continuel des choses les plus opposées; on y trouve le divin et le terrestre, la vie et la mort ; les règles n'y sont point respectées; il y a même du vague dans l'expression, de la mélancolie dans la pensée, enfin ils réunissent les conditions les plus rigoureuses du genre.

On y peut admirer aussi des jeux de mots, car ce genre merveilleux ne repousse pas le calembour. « Ceux, dit M. Schlé-
» gel, qui rejettent les jeux de mots com-
» me un raffinement contraire à la nature,
» trahissent leur ignorance à cet égard. Les
» enfans et les peuples dont les mœurs sont
» les plus simples, ont toujours manifesté
» leur goût pour les calembours. L'on en
» trouve dans Homère; les livres de Moïse,

» qui sont les plus anciens monumens écrits
» du monde primitif, en sont remplis. Des
» poëtes d'un goût très-cultivé, tels que
» Pétrarque ; des auteurs tels que Cicé-
» ron, se sont livrés à ce genre avec com-
» plaisance [1]. »

Le genre du calembour et le genre romantique étaient bien faits pour aller ensemble. L'un est sans doute comme l'autre, un mélange en apparence bizarre, mais auquel s'attache un sens profond. J'avoue, à ma honte, que j'étais du nombre de ces ignorans qui regardent les jeux de mots dans l'expression des passions comme un raffinement contraire à la nature. Me voilà bien revenu de cette erreur, et je ne manquerai pas d'admirer les quolibets dont Shakspeare a embelli le dialogue de ses tragédies. Vous voyez qu'il m'est impossible de réfuter sérieusement de pareilles

---

[1] *Cours de littérature dramatique.* Tom. 2, pag. 283.

opinions; pour en faire justice, il suffit de les dépouiller de cette enveloppe fastueuse et mystique sous laquelle on s'efforce de les déguiser; c'est l'idole exposée à l'adoration du vulgaire : les dehors en sont brillans, l'intérieur n'est rempli que de matières viles et grossières.

Cervantes, contemporain des poëtes romantiques espagnols, jugeait en ces termes de leurs productions; c'est don Quichotte lui-même que j'oppose à M. Schlégel ; l'aventure sera moins périlleuse que celle des moulins à vent. « La comédie, dit notre
» brave chevalier, doit être un miroir de la
» vie humaine, un exemple pour la con-
» duite des mœurs, et une image de la vé-
» rité. Je vois cependant qu'elle ne présente
» aujourd'hui que des extravagances. Quoi
» de plus bizarre que de faire voir dans la
» première scène un enfant au berceau,
» qui dans la seconde livre un combat.

» N'est-il pas impertinent de peindre un
» homme extrêmement vigoureux dans une
» extrême vieillesse, de faire un poltron de
» celui qui est dans la force de l'âge, de re-
» présenter un valet orateur, un page qui
» donne des conseils, un roi qui fait le mé-
» tier de baladin, et une princesse servante
» de cuisine? »

Il est évident que Cervantes n'attachait pas autant de prix que M. Schlégel « au rapprochement continuel des choses les plus opposées; » il était même assez dépourvu de goût et de génie pour reconnaître la nécessité des règles du bon sens.

« C'est une chose étonnante, ajoute-t-il,
» que l'ordre qu'on observe pour le temps
» et le lieu où se passent les actions qu'on
» représente. J'ai vu un drame où le pre-
» mier acte se passe en Europe, le second
» en Asie, et le reste s'achève en Afrique.
» Si la pièce eût eu plus de trois actes, il est

» probable que la scène aurait été trans-
» portée en Amérique. Si le vraisemblable
» doit être l'objet de la comédie, comment
» peut-on supporter que, dans une action
» qu'on suppose s'être passée du temps de
» Pepin et de Charlemagne, le héros soit
» Héraclius; qu'on lui fasse conquérir la
» Terre-Sainte, et qu'il entre dans Jérusa-
» lem avec la croix? Quel galimatias! quel
» mélange de fables et de vérités histori-
» ques! quelle confusion de nations, de ca-
» ractères et de temps! Et comment peut-
» on excuser des fautes si grossières? Ce
» qu'il y a de bon, c'est qu'il se trouve des
» gens qui accusent les autres de trop de
» délicatesse, et qui disent que c'est là la
» perfection [1]. »

Il serait difficile de faire une critique plus judicieuse et plus piquante de ces drames monstrueux de Shakspeare et de Cal-

---

[1] *Don Quichotte.* Liv. IV, chap. XLIV.

déron, qu'on veut nous faire admirer comme des chefs-d'œuvre ; de quelque génie que soit doué M. Schlégel, il nous pardonnera de lui préférer le bon sens de don Quichotte ; il y a cependant quelque rapport entre eux. Le genre romantique est la Dulcinée du professeur allemand ; il ne déraisonne que lorsqu'il s'agit de l'objet de ses amours ; car je me plais à reconnaître que sur d'autres sujets il montre du jugement et des lumières.

Je ne m'étendrai pas davantage sur une question qui me paraît suffisamment éclaircie. Je crois que c'est vainement qu'on s'efforcera d'élever ces conceptions avortées d'une époque d'ignorance au-dessus des immortels chefs-d'œuvre de l'esprit humain, dans toute la perfection et l'énergie de ses facultés. L'amour de la nouveauté, l'impuissance d'atteindre au vrai beau, la facilité de se livrer aux caprices de l'imagination en bravant toutes les règles du goût, peuvent égarer quelques jeunes gens dans des routes trompeuses; mais la partie éclairée du peuple français ne renoncera point aux titres les plus honorables de son illustration. La littérature romantique pourra triompher sur les tréteaux des boulevarts : c'est là sa véritable patrie; espérons qu'elle n'envahira point la scène nationale, et que nos grands poëtes trouveront encore de dignes successeurs.

A. J.

N°. XLIII. — 15 *septembre* 1824.

QUARANTE-TROISIÈME LETTRE.

LA FRANCE GUERRIÈRE.

Salve magna parens frugum. . . . .
Magna virûm.
VIRGILE.

Salut, terre féconde,... salut, mère des héros.

C'EST une admirable faculté que l'imagination : « par elle (a dit un écrivain anglais qu'elle inspirait en ce moment), sous son pinceau créateur, le froid squelette de la raison se revêt de chairs vives et vermeilles; par elle les sciences fleurissent, les arts s'embellissent, les bois parlent, les échos soupirent, les rochers pleurent, le marbre respire, la toile s'anime; elle ne peint pas seulement la nature, elle peut aussi la mesurer; l'imagination c'est le génie, c'est l'âme toute entière. »

J'ai peur que le sage Adisson, dans ce passage, ne fasse à l'imagination une part beaucoup trop belle. Abandonnée à elle-même, l'imagination flotte au hasard entre la folie et la sagesse; elle a besoin du contre-poids du bon sens pour régler son essor, et c'est de l'équilibre qui s'établit entre ces deux puissances, que résulte le génie, c'est-à-dire le plus haut point d'élévation où puisse atteindre la pensée humaine.

En ne considérant l'imagination qu'en elle-même, comme une partie fantastique du cerveau dont on peut dire autant de bien que de mal, il me sera permis d'avouer les jouissances dont elle est pour moi la source. Le tableau qui s'empare de ma pensée, qui l'absorbe, qui l'occupe toute entière, est un spectacle intérieur que je me donne et que toutes les féeries de l'opéra ne pourraient pas me procurer : les richesses ne me coûtent rien, je les prodigue; mes palais resplendissent d'or et de pierreries; toutes mes formes sont gracieuses, toutes mes couleurs étincelantes; j'ai soin de mêler à ces prestiges quelques harmonies morales qui en augmentent le charme; et, je dois le dire, souvent enivré de ces créations fantastiques, je suis assez heureux pour oublier le monde véritable, et pour me renfermer dans une sphère intellectuelle où je vois s'effacer les réalités de la vie : je rêve le beau, le bien; c'est encore une manière d'en jouir.

Tel est le genre de plaisir que m'a procuré la lecture d'un prospectus qui m'est tombé dernièrement sous la main, et dans lequel un architecte célèbre propose l'érection d'un monument gigantesque. M. P***, dont le génie ne s'abaisse jamais aux proportions vulgaires, a conçu l'idée *grandiose* d'élever, sur les hauteurs de Montmartre (qui reprendrait son nom de Mont-de-Mars), une colonne de deux cents pieds de circonférence, ce qui suppose à peu près douze cents pieds d'élévation : le palais du corps législatif occuperait l'intérieur de la colonne, dont le chapiteau formerait une terrasse sur laquelle on placerait, comme dans un Élysée, les statues des plus célébres défenseurs de la patrie.

On s'est un peu moqué de cette conception sublime, je le sais ; mais, loin de partager cette irrévérence, j'ai été si vivement saisi de la beauté de ce plan que mon imagination s'est mise aussitôt à l'œuvre, et qu'elle a construit sur les dessins de M. P***, l'édifice dont on a si mal accueilli le projet.

Je la vois cette colonne immense, elle est de marbre et revêtue d'airain. Je me transporte dans ce jardin suspendu qui en orne le faîte et qui se dessine sur l'azur d'un beau ciel. Vous voulez parcourir avec moi ce panthéon aérien; mais trois mille marches à monter vous effraient, j'ai pourvu à cet inconvénient, et nous voilà transportés au sommet de la colonne de Mars, au moyen d'une espèce de *gloire* qu'élève une pompe à vapeur, laquelle porte en même temps les eaux de la Seine sur la plate-forme où elles circulent en rivière et retombent en cataracte.

Au point-milieu de cette terrasse, et sur un piédestal plus élevé que les autres, vous voyez un groupe de quatre figures colossales qui représentent en quelque sorte les quatre âges de la France guerrière ; vous reconnaissez les statues de Brennus, de Charlemagne, d'Henri IV et de Napoléon. Plusieurs allées plantées de lauriers et de chênes semblent s'échapper comme autant de rayons de cette constellation brillante : l'intervalle entre les arbres de ces longues avenues est occupé par les guerriers français les plus célèbres.

Parcourons les deux allées principales où se trouvent, dans l'une, toutes les vieilles gloires de la monarchie, dans l'autre, cette foule de héros que la révolution a fait éclore.

Ici *Guesclin* qu'immortalise une valeur héroïque et des vertus qui l'élèvent au-dessus des conquérans;

Bayard qui ne connaissait de noblesse que le courage et la vertu;

Condé, au regard d'aigle, le plus grand capitaine du siècle où vivait Turenne, et qui pleurait aux vers du grand Corneille;

Turenne, que le grand Condé estimait au-dessus de lui-même, et dont la réputation de sagesse et d'humanité a triomphé des erreurs que l'amour lui fit commettre à soixante ans, et des cruautés sans excuse qu'il exerça dans le Palatinat;

Catinat qui mérita seul, entre tous les grands capitaines modernes, le titre de guerrier philosophe;

Fabert, dont les gens de cour attribuèrent les talens et les succès au diable, pour ne pas convenir que le fils d'un libraire de Nancy pût être un grand général;

Villars, qui sauva la France à Denain, et qui, devant l'ennemi, ne craignait que les courtisans de Versailles.

Le voilà ce Saxon *qu'on croit né parmi nous*, et que la victoire avait en effet naturalisé.

Je ne parle pas du *Childebrand* de Voltaire; la prise d'un fort ne constitue pas plus un héros, que le titre d'académicien ne suppose un homme de lettres.

Suivons maintenant cette autre avenue, dans laquelle la gloire a réuni, dans un quart de siècle, plus de statues de héros qu'elle n'en a élevées dans toutes les autres. *Marceau, Desaix, Kléber, Masséna, Kellermann, La Tour-d'Auvergne, Lefebvre, Hoche, Lannes, Richepanse, Lecourbe, Championnet, Murat, Ney*......., je m'arrête à ce nom; un nuage s'étend sur mes yeux et me dérobe la vue de quelques images que le ciseau du statuaire a laissées imparfaites; je remarque cependant plusieurs piédestaux où la gloire a retenu des places pour ses favoris qui vivent encore : j'y lis, avec un double intérêt, les noms de *Lafayette, Gerard, Clausel, Excellmans, Lamarque, Soult, Suchet, Belliard, Grouchy, Saint-Cyr, Drouot, Bertrand*.....

Que de noms illustres dans la guerre ! et qui ne s'écrierait en les rassemblant dans son souvenir : *Salut, ô France! mère de tant de héros.* Sur un obélisque placé à l'extrémité de chacune de ces avenues, la victoire avait inscrit les noms de *Marignan*, *Rocroi*, *Fribourg*, *Nordlingue*, *les Dunes*, *Turkem*, *Namur*, *Denain*, *Fontenoy*, *Arcole*, *Lodi*, *Hohenlinden*, *les Pyramides*, *Austerlitz*, *Jéna*, *Friedland*, *la Moscowa*, et de cent autres champs de batailles, illustrés par nos armes.

Tous les coins de la terre, tous les fleuves de l'Europe ont été témoins des exploits des enfans de la Gaule, et à toutes les époques quelque grand capitaine s'est élevé du sein de ce peuple plus grand, plus généreux, plus brave, mais moins habile à tirer parti de la victoire que ces Romains qui lui disputent le premier rang parmi les nations guerrières.

Toute cette pompe fantastique conduisit enfin ma pensée à un résultat raisonnable : l'histoire de la France se déroula devant moi; je vis un laurier impérissable en couronner toutes les époques, les attacher pour ainsi dire l'une à l'autre, mais fleurir plus brillant, plus touffu sur le sol de la liberté. L'évocation qui m'avait charmé me rendit plus chère, en me la montrant plus glorieuse, cette belle patrie que toutes les illustrations environnent.   E. J.

TABLE DES LETTRES

CONTENUES

DANS LE TROISIÈME VOLUME.

Pages.

XXVIe. Lettre. Les Vices à la mode. 1
XXVIIe. Lettre. L'École de droit, l'École de médecine. 15
XXVIIIe. Lettre. Le Vague. 33
XXIXe. Lettre. Les Réputations. 47
XXXe. Lettre. La Toute-puissance des Sots. 61
XXXIe. Lettre. Les Trois Cardinaux. 73
XXXIIe. Lettre. Les Incurables. 97
XXXIIIe. Lettre. Le Dix-huitième siècle. 109

XXXIVe. Lettre. Une Provinciale
à Paris. 125

XXXVe. Lettre. Le Donjon de
Vincennes. 141

XXXVIe. Lettre. La Littérature
romantique. 157

XXXVIIe. Lettre. La Statue de
Pasquin. 185

XXXVIIIe. Lettre. Le Journal
d'un Écolier. 195

XXXIXe. Lettre. Protecteurs et
Protégés. 207

XLe. Lettre. Quelques Vérités dures. 219

XLIe. Lettre. Les Sorciers. 233

XLIIe. Lettre. Suite de la Littérature romantique. 245

XLIIIe. Lettre. La France guerrière. 279

FIN DE LA TABLE DU TROISIÈME VOLUME.

LIBRAIRIE DE LADVOCAT.

HISTOIRE

DES

DUCS DE BOURGOGNE.

DE LA MAISON DE VALOIS,

1364 — 1477;

PAR M. DE BARANTE,

PAIR DE FRANCE.

Ornée de quatre portraits, et imprimée sur papier fin d'Auvergne.

Il est peu de genres de style dans lesquels M. de Barante ne se soit essayé avec le plus grand succès. Le *Tableau de la Littérature au dix-huitième siècle* est un de ces écrits élégans, purs et solides à la fois, qui semblent appartenir au dix-septième. Les *Mémoires de madame de la Rochejaquelin* sont empreints d'une naïveté si touchante, d'une si sublime simplicité, qu'on ne distingue nulle part l'ingénieux écrivain qui les a rédigés, de cette Française épouse et mère, dont il interprète si bien les sentimens nobles et tendres. Les ouvrages qu'il a composés sur des matières plus sévères portent le sceau du même talent, modifié par des sujets difficiles et non pas affaibli. Toujours clair, même quand il pénètre dans les ténèbres de l'ancienne politique, toujours agréable à lire, même quand il traite des questions où l'intérêt des idées semble exiger le sacrifice des ornemens, il a souvent inspiré à ses lecteurs le regret de ne pas voir un talent si élevé appliqué à des travaux d'une importance plus générale. C'est répondre à une longue attente, et presque à un reproche, que d'annoncer un ouvrage de M. de Barante, mûri dans le silence de l'étude, et fait, par le plan comme par l'exécution, pour justifier toutes les espérances. Les traditions du moyen âge n'offrent peut-être aucune époque aussi digne de l'attention des hommes studieux qui aiment à apprendre, et même des hommes éclairés qui aiment à se souvenir, que l'*Histoire des Ducs de Bourgogne de la maison de Valois, de 1364 à 1477*. Tout le monde sait que cette *Histoire des Ducs de Bourgogne* était l'histoire de l'Europe, et qu'un écrivain moins modeste aurait pu l'intituler: *Histoire du quinzième siècle*.

L'*Histoire des ducs de Bourgogne* formera 10 volumes in-8°, qui paraîtront en cinq livraisons successives. — La première est publiée; elle comprend le règne de Philippe-le-Hardi, 1364-1404. Elle forme 2 vol. in-8°. — La seconde comprendra le règne de Jean-sans-Peur, 1404-1419, et paraîtra le 25 juillet. Elle sera aussi de 2 vol. — La troisième et la quatrième comprendront le règne de Philippe-le-Bon, 1419-1467. Elles formeront 4 vol. et seront divisées en deux parties; la première paraîtra au premier septembre, la seconde le 15 du mois de novembre prochain. — La cinquième comprendra le règne de Charles-le-Téméraire, 1467-1477. Elle aura deux volumes pareils aux autres, et paraîtra le 1er. janvier 1825.

Le prix de chaque livraison sera de 12 fr., papier fin d'Auvergne. Les premiers cinq cents souscripteurs recevront leurs livraisons satinées; pour les autres souscripteurs, le satinage sera payé 75 centimes par volume. La souscription sera fermée à la seconde livraison.

Pour être souscripteur, il suffit de se faire inscrire à Paris, chez l'éditeur Ladvocat, libraire de S. A. S. M. le duc de Chartres, Palais-Royal, galerie de bois, n°s. 195 et 196; et chez les principaux libraires de France et de l'étranger.

OUVRAGES RÉCEMMENT PUBLIÉS.

HISTOIRE DE LA RÉVOLUTION FRANÇAISE; par M. Mignet; 2 vol. in-8°., imprimés sur papier fin par Firmin Didot. — Prix, 10 fr., et 13 fr. par la poste.

Depuis quelque temps les publications sur la révolution française se sont multipliées. Mais au milieu de tant de récits incomplets et différens, le lecteur avait peine à découvrir la vérité et à bien assurer son jugement; il lui manquait un ouvrage où les événemens fussent étudiés dans leur cause, rapprochés avec méthode, rangés selon leur filiation, appréciés avec sagacité; d'un ouvrage qui fût à la fois le tableau et l'examen de la révolution. C'est cet ouvrage que le libraire Ladvocat vient de mettre en vente sous le titre d'*Histoire de la révolution française depuis 1789 jusqu'en 1814*; par F. A. Mignet. Divers essais avaient commencé la réputation de ce jeune écrivain; mais cette nouvelle composition y met un sceau. Il a su renfermer dans un seul volume un récit rapide et raisonné du plus grand événement de l'histoire moderne, et le caractériser dans son ensemble comme dans ses détails, de telle sorte qu'on ne sait, en le lisant, si l'on assiste à la déduction d'un système ou au développement d'une narration. Une foule de vues ingénieuses, de curieuses révélations, de portraits remarquables, un style brillant et serré, une dignité soutenue, la fixité des principes et l'impartialité pour les personnes, mettent au premier rang cette production nouvelle, qui porte à la fois l'empreinte d'un esprit philosophique et d'un talent pittoresque. Cet ouvrage ne peut manquer de contribuer puissamment à fixer le jugement que la révolution attend de la postérité.

HISTOIRE DE LA RÉVOLUTION FRANÇAISE, par M. Mignet. Deux jolis volumes in-18, imprimés sur papier fin satiné. Deuxième édition. Prix : 6 f. et 7 f. 50 c. par la poste.

OURIKA, deuxième édition; 1 joli volume in-12, imprimé sur papier vélin satiné. — Prix : 3 fr. 50 c., et 4 fr. par la poste.

Ce délicieux roman, dont le succès va toujours croissant, se vend au profit d'un établissement de charité.

ÉVELINE. Un joli volume in-12, imprimé comme OURIKA. Prix : 3 fr. 50 cent., et 4 fr. par la poste.

Ce joli roman se vend, ainsi qu'Ourika, au bénéfice d'une maison de charité.

MESSÉNIENNES ET POÉSIES DIVERSES, par M. Casimir Delavigne; dixième édition, augmentée de trois MESSÉNIENNES NOUVELLES, d'une IMITATION D'EURIPIDE, de beaucoup de poésies inédites, et d'une ÉPITRE à M. De Lamartine; 2 jolis volumes in-18, imprimés sur papier grand raisin vélin, ornés de 6 gravures en taille-douce par nos meilleurs artistes, et de 21 vignettes gravées sur bois par M. Thompson, d'après les dessins de M. Devéria. Prix : 12 fr. et 13 fr. par la poste.

Annoncer une 10e. édition des poésies de M. Delavigne, cela nous dispense d'aucun éloge sur le mérite des pièces que renferme cette précieuse collection.

ESSAI SUR L'ÉDUCATION DES FEMMES; par madame la COMTESSE DE RÉMUSAT; 1 vol. in-8°., imprimé sur papier fin d'Auvergne. — Prix, 7 fr., et 8 fr. 50 c. par la poste; papier vélin, 14 fr.

L'ouvrage de MADAME CAMPAN a ramené l'attention du public sur l'éducation des femmes. Après ce livre entièrement dicté par l'observation pratique, il manquait un ouvrage où l'on considérât la destinée et la situation des femmes par rapport à la société actuelle, telle que l'ont modifiée les événemens et les institutions, et où l'on établît d'une manière nouvelle les principes de l'éducation qui leur est due dans un siècle qui a tout renouvelé. C'est l'objet du livre que nous annonçons. L'auteur, madame la comtesse de Rémusat, occupa durant sa vie une position sociale assez élevée, soit à la cour de l'EMPEREUR NAPOLÉON, soit dans le monde, pour acquérir cette expérience que la méditation seule ne donne pas. C'est en observant les femmes, dans l'évidence et dans la retraite, qu'elle apprit à connaître ce qui manque à leur situation, à leur bonheur, et qu'elle conçut l'idée d'écrire sur leur éducation l'ouvrage que nous venons de publier.

MÉMOIRES DES MARÉCHAUX DE FRANCE ET DES GÉNÉRAUX FRANÇAIS, pour servir à l'histoire de la

Révolution française; TROISIÈME LIVRAISON ; 2 vol. in-8°.

LES HERMITES EN PRISON, par E. Jouy et A. Jay, pour faire suite aux *Observations sur les mœurs et usages français au commencement du dix-neuvième siècle*, par E. Jouy, membre de l'Institut. CINQUIÈME ÉDITION, ornée du portrait des auteurs, de deux gravures et six vignettes, imprimée comme la collection des *Hermites de la Chaussée d'Antin*, *de la Guyane*, etc., dont elle est le complément indispensable aux acquéreurs de ces livres. 2 vol. in-12. Prix: 8 fr., et 9 fr. 50 cent. par la poste. Papier vélin, 15 fr.

OUVRAGES SOUS PRESSE.

LORD BYRON, TOME VII et VIII (DE LA BELLE ÉDITION DE SES ŒUVRES COMPLÈTES, ORNÉE DE 25 VIGNETTES). Ces volumes contiendront les chants VI, VII, VIII, IX, X, XI, XII, XIII, XIV, XV et XVI de DON JUAN, la Métamorphose du Bossu, et beaucoup d'ouvrages inédits. Ils seront imprimés sur papier superfin des Vosges, par M. Firmin Didot, et ornés d'une jolie vignette de Devéria.—Prix : 9 fr. chacun, et 10 f. 50 c. par la poste.

Le triste événement de la mort récente de Lord Byron ne peut que faire accueillir avec un double intérêt ces volumes, qui sont les derniers de ses œuvres connues. Les aventures de don Juan forment un véritable voyage en *Turquie*, en *Russie* et en *Angleterre*. L'auteur a fait des mœurs de ces divers pays un tableau varié, et surtout fort original. La Métamorphose du Bossu est un ouvrage dans le genre de MANFRED.

COURS DE LITTÉRATURE ANCIENNE ET MODERNE, PAR VOLTAIRE ; ouvrage extrait des Œuvres complètes de ce grand écrivain, mis en ordre et publié par M. AMAR; précédé d'une introduction, par M. VILLEMAIN, membre de l'Académie française. Cet ouvrage énergique, qui formera 3 vol. in-8°., paraîtra en trois livraisons, de mois en mois; il sera imprimé par MM. Firmin Didot.

Les deux noms qui se trouvent en tête de ce livre sont une garantie du soin qui a présidé à son exécution et du succès qu'il doit obtenir.

NOUVEAUX MÉLANGES LITTÉRAIRES, par M. VILLEMAIN, membre de l'Académie française. Cet ouvrage, qui formera un volume dont les morceaux sont entièrement inédits, sera imprimé comme le volume in-8°. et les deux jolis volumes in-18. du même auteur, publiés l'année dernière sous le titre de *Discours et Mélanges littéraires*.

Le succès prodigieux qu'ont obtenu les premiers Mélanges littéraires de M Villemain, attesté par la vente rapide des deux éditions, est d'un favorable augure pour cette nouvelle publication d'un auteur à la fois distingué comme historien, comme orateur et comme critique.

VOYAGE LITTÉRAIRE EN ANGLETERRE ET EN ÉCOSSE, par M. A. Pichot, D. M., traducteur des OEuvres complètes de lord Byron, 2 vol. in-8°.
Cet ouvrage, annoncé par le journal des Débats, et dont plusieurs revues littéraires de la Grande-Bretagne ont déjà traduit des fragmens, contient des observations nouvelles sur les usages et les mœurs de l'Angleterre et de l'Écosse, avec des détails très-curieux sur l'état actuel de la littérature et des beaux-arts dans la patrie de lord Byron et de Walter-Scott. L'auteur fait connaître non-seulement les productions remarquables des orateurs et des poëtes, mais il a su encore lier à la description des localités la biographie des hommes de lettres dont il a reçu l'accueil le plus flatteur.

CHANSONS, par M. Francis; 1 joli vol. in-18, grand-raisin. — Prix : 3 fr. et 3 fr. 50 c. par la poste.

ÉLÉGIES ET POÉSIES NOUVELLES ; par Madame Desbordes-Valmore.

POÈMES ET POÉSIES DIVERSES; par M. F. Soulier; un joli vol. in-18, grand-raisin. — Prix : 4 fr. et 4 fr. 50 c. par la poste.

Ouvrages nouveaux.

MESSÉNIENNES et POÉSIES DIVERSES; par M. Casimir Delavigne. Neuvième édition, augmentée des *Trois Messéniennes nouvelles*, du *Discours d'inauguration* de la salle de l'Odéon et de la salle du Havre, des *Troyennes, cantate*, d'une *Imitation d'Euripide*, d'une *Épître à M. A. Delamartine sur la liberté*, et de plusieurs pièces inédites ; ornée de 7 gravures en taille-douce, exécutées par MM. *Godefroy, Motet, Burdet, Lefèvre aîné* et *Touzès*, et de 20 vignettes gravées sur bois par M. *Thompson*, d'après les dessins de *Devéria*.

Un vol. in-8°., imprimé sur papier vélin superfin; toutes les gravures tirées sur papier de Chine. Prix : 20 fr.

Le même, grand papier vélin; les gravures avant la lettre, tirées sur grand papier de Chine. Prix : 40 fr.

Le même, grand papier, avec double gravure tirée sur papier blanc et de Chine. Prix : 50 fr.

(*Extrait du Constitutionnel du 8 mars 1824.*) Cet article était depuis long-temps écrit, et les élections, auxquelles un journal doit la première place, en ont sans cesse retardé l'insertion ; de notre temps la politique doit avoir le pas sur la poésie : c'est le sujet qui précède l'imitation. Mais voilà que, dans l'intervalle, il a paru un recueil complet et soigné des *Messéniennes et poésies nouvelles de M. Casimir Delavigne*. Nous aurions beaucoup à dire sur ce volume, mais il faut nous borner à garantir au public qu'il est exécuté avec un goût et un luxe qui le met au premier rang des beaux livres, et que cette publication fait honneur au dessinateur, au graveur, au typographe et au libraire. C'est un magnifique monument de la poésie, de l'art et de l'industrie.

OEUVRES COMPLÈTES ET INÉDITES DE MILLEVOYE. 6 jolis vol. in-18, ornés de six vignettes.

Prix : 24 fr. papier vélin satiné ; grand raisin vélin, figures tirées sur papier de Chine : 50 fr.

(*Extrait du Constitutionnel du* 4 février 1824.) Cette nouvelle édition, qui vient de paraître chez le libraire Ladvocat, se recommande, comme la première, par tout ce qui peut constituer un beau livre ; elle s'en distingue même par de nouveaux avantages: tous les exemplaires sont tirés sur papier vélin ; tous les volumes sont ornés d'une charmante vignette de Devéria, gravée par les artistes les plus habiles. Elle a d'ailleurs le mérite de se joindre naturellement à la charmante collection des poëtes du XIXe. siècle, dont toutes les particularités de son exécution typographique la rapprochent, et de compléter jusqu'ici une des bibliothèques poétiques les plus brillantes et les plus économiques de notre époque littéraire.

DICTIONNAIRE HISTORIQUE DES ÉVÉNEMENS REMARQUABLES, par Voltaire. 1 vol. in-8°. de plus de 600 pages, imprimé sur deux colonnes, en petits caractères, et contenant plus de quatre vol. in-8°. des œuvres de Voltaire. Prix: 9 fr.

(*Extrait du Constitutionnel*, du 16 janvier 1824.) En histoire, en géographie et dans les sciences, le cadre d'un dictionnaire offre, comme on sait, mille avantages au lecteur. Les classifications qu'on a imposées à tout système de connaissances, se réduisent, le plus souvent, à la forme ingénieuse de dictionnaire. Un vice inhérent jusqu'ici à ces sortes de livres, pourrait seul en dégoûter, c'est l'éternel retour du même début pour chaque article, dont la monotonie est fatigante au bout de quelques pages. C'était donc une heureuse idée de faire servir aux matériaux d'un Dictionnaire historique le style varié de l'écrivain le plus universel de toutes les littératures. M. Ladvocat a eu l'art d'obtenir un livre nouveau de VOLTAIRE, qui va devenir, non-seulement le complément indispensable des œuvres de ce grand génie, toujours critiqué, mais toujours relu et toujours consulté, mais encore celui de tous les Dictionnaires historiques qui existent. Un tel livre n'a donc pas besoin d'éloges ; il a, sur tous ceux qui lui ressemblent, l'inépuisable charme de cette originalité et de ce style si franc et si spirituel qui réunit le sel attique à la raison. Quelques notes étaient nécessaires ; elles ont été ajoutées par l'auteur de cette compilation piquante, dont les initiales cachent sûrement un homme d'esprit. Ce dictionnaire est imprimé en caractères neufs, sur beau papier. Nous ne doutons pas que ce ne soit une des plus heureuses spéculations de l'éditeur de tant d'ouvrages importans.

www.ingramcontent.com/pod-product-compliance
Lightning Source LLC
Chambersburg PA
CBHW071348150426
43191CB00007B/890